7ª edição - Abril de 2024

Coordenação editorial
Ronaldo A. Sperdutti

Projeto gráfico e editoração
Juliana Mollinari

Capa
Juliana Mollinari

Imagens da capa
123RF

Direitos autorais reservados. É proibida a reprodução total ou parcial, de qualquer forma ou por qualquer meio, salvo com autorização da Editora. (Lei nº 9.610, de 19 de fevereiro de 1998)

Assistente editorial
Ana Maria Rael Gambarini

Traduções somente com autorização por escrito da Editora.

© 2010-2024 by Boa Nova Editora.

Revisão
Alessandra Miranda de Sá
Ana Maria Rael Gambarini

Av. Porto Ferreira, 1031 | Parque Iracema
CEP 15809-020 | Catanduva-SP
17 3531.4444

Impressão
Lis gráfica

www.**petit**.com.br | petit@petit.com.br
www.**boanova**.net | boanova@boanova.net

Dados Internacionais de Catalogação na Publicação (CIP)
(Câmara Brasileira do Livro, SP, Brasil)

Carlos, Antônio (Espírito)
   O cravo na lapela / [ditado pelo Espírito]
Antônio Carlos ; [psicografado por] Vera Lúcia
Marinzeck de Carvalho. -- 7. ed. -- Catanduva, SP :
Petit Editora, 2024.

   ISBN 978-65-5806-057-4

   1. Doutrina espírita 2. Espiritismo
3. Mediunidade 4. Psicografia 5. Reencarnação -
Espiritismo I. Carvalho, Vera Lúcia Marinzeck
de. II. Título.

24-191762   CDD-133.93

Índices para catálogo sistemático:

1. Psicografia : Espiritismo   133.93

Aline Graziele Benitez - Bibliotecária - CRB-1/3129

Impresso no Brasil – Printed in Brazil
7-4-24-3.000-30.700

Prezado(a) leitor(a),

Caso encontre neste livro alguma parte que acredita que vai interessar ou mesmo ajudar outras pessoas e decida distribuí-la por meio da internet ou outro meio, nunca deixe de mencionar a fonte, pois assim estará preservando os direitos do autor e, consequentemente, contribuindo para uma ótima divulgação do livro.

O CRAVO NA LAPELA

Psicografia de
Vera Lúcia Marinzeck
de Carvalho
do espírito Antônio Carlos

Agradeço ao Lucas por ter me contado sua história e a tantos outros que transformaram narrativas em livros, entretendo, consolando e orientando quem os lê. E, aos nossos leitores, meu afetuoso agradecimento pela oportunidade de estarmos aprendendo juntos. É pelo conhecimento e com a prática do bem que nos equilibramos, sentimo-nos em paz e harmoniosos. Abraço-os com o mesmo amor que tenho recebido de vocês.

Que Deus nos abençoe.
Antônio Carlos

SUMÁRIO

CAPÍTULO 1
O QUE ACONTECEU?...................................9

CAPÍTULO 2
MOMENTOS DIFÍCEIS............................. 21

CAPÍTULO 3
ALGUNS ESCLARECIMENTOS.................... 35

CAPÍTULO 4
NO HOSPITAL 45

CAPÍTULO 5
O VELÓRIO.. 61

CAPÍTULO 6
O ENTERRO.. 75

CAPÍTULO 7
ENCONTRO COM OS SOBRINHOS........... 87

CAPÍTULO 8
O ORFANATO.. 103

CAPÍTULO 9
OBSESSÃO 117

CAPÍTULO 10
AÇÃO E REAÇÃO.................................... 125

CAPÍTULO 11
NO POSTO DE SOCORRO 135

CAPÍTULO 12
O CENTRO ESPÍRITA 153

CAPÍTULO 13
ASSUNTOS ESCLARECEDORES 167

CAPÍTULO 14
O CRAVO NA LAPELA 187

CAPÍTULO 15
CONVERSANDO 205

CAPÍTULO 16
DESPEDIDA 219

CAPÍTULO 17
NA COLÔNIA 231

CAPÍTULO 1

O QUE ACONTECEU?

— *O que aconteceu? Estranho! Parece que já amanheceu! Vou ver.*

Lucas levantou-se da cadeira, foi até a porta de vidro que estava aberta pela metade e olhou o quintal.

— *Devem ser quase nove horas. Como pude dormir de novo?*

Ficou por instantes parado, olhando a área em que ficava o quintal. Era um espaço pequeno, metade cimentado e a outra parte com dois canteiros, sendo um com flores e o outro com verduras. Sua casa era pequena: sala, quarto com banheiro, cozinha e lavanderia. Havia um portão lateral que ligava a área da frente com o quintal.

— *Por que será que dormi?* — perguntou a si mesmo. — *Lembro que levantei às cinco horas, como de costume, senti falta de ar, vim para a lavanderia, fiquei tonto, abri a porta, coloquei uma cadeira em frente a ela e sentei. Senti uma dor aguda, horrível no peito, tão forte que pensei que ia arrebentar, partir ao meio. A dor deve ter passado e, assim, dormi mais um pouco. Agora vou fazer o café.*

Ele se virou e levou um tremendo susto.

— *Valha-me Deus! O que é isso? O que está acontecendo?!* — exclamou alto.

Pasmo, assustado, ele se apalpou, depois deu três pequenos passos e ficou perto do seu outro corpo, que estava na cadeira. Sem conseguir entender, olhou a ambos. Estranha sensação! Eram dois, um inerte na cadeira e o outro, que sentia ser ele, ali, de pé, olhando. O corpo na cadeira estava largado, as pernas esticadas, braços caídos ao lado, a cabeça encostada, olhos fechados e a boca um pouco aberta. Os dois, ou seja, ele e o corpo, estavam vestidos do mesmo modo: chinelos, calça bege e camisa de manga curta verde-clara.

— Senhor Lucas! Senhor Lucas! Posso entrar? Estou entrando! O senhor está pronto? Por que não está me esperando no portão?

Lucas ouviu o barulho do portão da frente se abrindo.

— *Agora ele me acorda e o sonho acaba!*

Escutou passos pelo corredor e Fernando, contente como sempre, veio falando:

— Senhor Lucas, já está pronto? Com certeza está, sempre fica me aguardando. O senhor está animado? Hoje vi Rosinha, depois lhe conto tudo. Senhor Lucas?! O que aconteceu? Meu Deus! O senhor está bem? Responda!

Apavorou-se, porque não acordou com a gritaria e continuou sendo dois, ou um, porque o que sentia e pensava estava ali, num canto da lavanderia, olhando a cena.

— *Por que não acordo?* — indagou-se aflito.

— Senhor Lucas — pediu Fernando —, não brinque comigo! Acorde! O senhor não vai ao orfanato? Levante! Por favor!

Fernando pegou no braço que estava na cadeira. Depois, passou a mão frente ao nariz.

— Está frio! Parece que não respira! Ai, Jesus! Será que está morto?

— *Pare com isto, Fernando!* — gritou Lucas. — *Estou dormindo! Acorde-me!*

Aproximou-se também do outro na cadeira e, repetindo os gestos de Fernando, colocou a mão no braço e depois em frente ao nariz.

— *Estou frio e não respiro! Mas aqui estou, respirando e quente! Será que não sonho?*

Fernando saiu gritando:

— Acudam! Dona Lucélia! Chame a ambulância, o senhor Lucas está estranho! Acudam!

Lucas encostou-se na parede, ficou com medo até de se mexer. Não sabia o que fazer. Tentou não respirar, mas logo o fez, quis pensar, para encontrar uma maneira de sair daquela situação, mas não estava conseguindo se concentrar.

Os gritos de Fernando, que correu pela rua, foram ouvidos pela vizinhança toda; logo ele voltou acompanhado por três vizinhas. Juntos, examinaram o Lucas que permanecia sentado, enquanto ele, o Lucas que pensava, observava-os atento.

— Acho que morreu! — exclamou Lucélia, uma das vizinhas. — Não respira! Fernando, você experimentou acordá-lo?

— Ora, Lucélia — observou dona Marlene —, quem não acordaria com os gritos de Fernando? Se não está morto, deve estar morrendo. Vamos chamar a ambulância? Vou à minha casa telefonar. Fiquem aqui!

— Para quê? Por que quer que fiquemos aqui? — perguntou Rosely, outra vizinha.

— Não se deve deixar um morto sozinho — respondeu dona Marlene. — Depois, se ele estiver desmaiado, é melhor acordar com pessoas à sua volta.

— Ele deve ter se suicidado — opinou Lucélia.

— Acha mesmo? — indagou Rosely. — Pois eu penso que morreu de depressão. Não tinha vontade de viver, era tão ranzinza!

— O que está procurando, Fernando? — quis Lucélia saber.

— Álcool! Aqui está, encontrei-o nesta parte do armário. Se o senhor Lucas estiver desmaiado, é melhor ele cheirar álcool pra voltar a si.

— O senhor Lucas está morto! — determinou Lucélia.

— Como pode ter certeza? É médica, por acaso? — perguntou o moço.

Fernando abriu o frasco e colocou diante do nariz de Lucas. Nada aconteceu.

— Não acorda! — lamentou Fernando.

— Claro que não! — expressou Lucélia. — Conheço quando uma pessoa faleceu. É melhor nós três esperarmos a ambulância lá fora. Não sabemos do que morreu e podemos nos complicar.

— Ora, complicar como? — indagou Fernando.

— E se morreu de algo contagioso? Podemos contrair a doença. Se cometeu suicídio, a polícia irá querer saber o motivo — respondeu Lucélia.

— O senhor Lucas não iria se suicidar — afirmou Fernando.

— Por que não? O senhor Chico da esquina não se suicidou? — argumentou Lucélia.

— Parem! — pediu Rosely. — É melhor sairmos e esperarmos lá fora.

Os três iam saindo quando encontraram no corredor mais pessoas, outros vizinhos e curiosos que passavam pela rua querendo entrar para ver o que tinha acontecido.

— Não há nada o que fazer — informou Rosely. — É melhor esperarmos pela ambulância lá fora. Por favor, vamos sair.

— Eu vou dar uma olhadinha! — disse Clodoaldo e entrou.

Rosely então resolveu ficar e, junto a Clodoaldo, entraram na lavanderia com mais três pessoas.

Lucas, que continuava num canto, viu-os entrar. Conhecia Clodoaldo, ele morava no quarteirão próximo e frequentava o bar da esquina.

— De fato, parece estar morto — comentou Clodoaldo com Rosely.

As outras três pessoas, depois de olharem, preferiram voltar à calçada. Ficaram somente os dois.

— Vamos! — convidou Rosely.

— Para onde? — perguntou Clodoaldo.

— Para fora, para esperarmos com os outros vizinhos.

— Não! Vou dar uma olhada na casa, sempre quis saber como era a moradia do senhor Lucas. O crítico da região! Não é porque o sujeito está morto, que descanse em paz, que virou santo. Puxa! Como ele criticava, julgava todo mundo. Sempre pensei que sua casa deveria ser impecável, limpíssima, nada fora do lugar.

— E é — afirmou Rosely. — Eu vim aqui duas vezes somente e, nessas duas vezes, percebi que tudo era muito limpo. O senhor Lucas não gostava de visitas. Uma vez...

— Conte! — pediu Clodoaldo, que da lavanderia tentava ver o restante da casa.

— Uma vez, trouxe-lhe um pão que fiz, e ele na minha frente colocou defeito, disse que poderia ter ficado mais macio e menos doce e me deu outra receita, afirmando que ficaria bem melhor. Bem...

— O que você fez? — perguntou Clodoaldo curioso.

— Fiquei sentida, deixei a receita que ele me deu guardada. Um dia, resolvi fazer o pão e não é que ficou melhor mesmo? Era o jeito de ele falar que incomodava.

— Dona Rosely, vou dar uma olhada lá dentro da casa.

— Não vai, não! Vamos sair! É melhor não mexer em nada. Não sabemos como ele faleceu. A polícia deverá achar que pegamos algo. Vamos sair já!

Os dois foram para fora, e Lucas, pasmo, sem entender e sem saber o que fazer, resolveu se beliscar.

— *Senti o beliscão!* — exclamou surpreso.

Ajoelhou-se e orou, pediu com fervor:

— *Jesus, tenha piedade de mim! O que está acontecendo?*

Viu um homem entrar, sorrir e passar as mãos sobre o seu corpo, e ele, que estava ajoelhado no canto, sentiu-se fortalecido e viu algo, que não conseguiu entender o que era, sair do outro eu dele.

Lucas foi desligado, isto é, em espírito foi separado definitivamente do seu corpo físico. Esse desligamento total deu sensação de bem-estar ao recém-desencarnado. Esse fato, o desligamento, costuma dar ao espírito a agradável sensação de se sentir liberto. Pena que em muitos o medo, até mesmo o pavor, não os deixe sentir isso e, na maioria dos casos, nem veem isso acontecer. O que ele viu foram fluidos saírem do seu corpo inerte e voltarem à natureza.

— *Pronto!* — exclamou o homem. — *Agora você pode perguntar. O que quer saber?*

— *Estou sonhando? Sinto que não estou! Louco? Não, ninguém enlouquece de repente. Alucinação? Descarto, não tomei nada para ter uma alucinação, nunca tomei. Morri?! A morte é isto?*

— *Você mesmo está encontrando a resposta. Sim, você é agora o que fala comigo, e este é o corpo que usou para viver no Plano Físico.*

— *Quem é você? Conheço-o? Por que está aqui?*

— *Não estou bisbilhotando. E não julgue seus vizinhos. Podem estar curiosos, mas também querem auxiliar. Chamo Juliano, sou do orfanato.*

— *Dr. Juliano Fontana?* — perguntou Lucas admirado. — *É parecido com o retrato. Não é o fundador do Orfanato Menino Jesus? Mas como é possível? Morreu há muitos anos! Eu nem o conheci!*

— *Morrer, Lucas, é um termo que não deveríamos usar pensando em acabar, que alguém acabou. Meu corpo físico parou suas funções e eu, em espírito, continuo vivo. Aqui estou para ficar com você.*

— *Meu corpo físico é esse* — apontou Lucas para o que estava sentado — *e eu sou este? É isto que está querendo me dizer?*

— *Você irá entender aos poucos* — respondeu Juliano. — *É somente o corpo de carne e osso que morre; continuamos vivos, somos espíritos e sobrevivemos. Este fato se chama "desencarnação".*

— *É um termo espírita! É espírita?*

— *Sou um espírito que está vivendo como desencarnado e aprendi a usar os termos corretos. Como você sabe que os espíritas chamam esta mudança de plano de "desencarnação"?* — quis Juliano saber.

— *Gosto de ler e li alguns livros espíritas, na literatura dos seguidores de Kardec existem romances maravilhosos e...* — Lucas, por achar que não deveria falar sobre isto naquele momento, interrompeu-se.

— *Sendo assim, procure lembrar o que leu e pôr em prática nesse momento tão especial de sua vida.*

— *A morte é especial?* — perguntou.

— *Todos os instantes de nossa vida são, porém alguns são mais. A morte é com certeza um desses momentos.*

— *É porque morremos uma vez somente?*

— *Não* — respondeu Juliano —, *reencarnamos muitas vezes e desencarnamos tantas outras também. É especial porque fazemos uma grande mudança, de um plano para outro, do físico para o espiritual.*

— *Então morri mesmo? E agora?* — indagou preocupado.

— *Já lhe disse: vim para lhe fazer companhia.*

— *Ficar comigo aqui? Por favor, explique.*

— *Você irá ver e escutar pessoas* — respondeu Juliano.

— *Por quê? Para quê? Com todas as pessoas acontece isto? A morte é desse modo para todos?*

— *Não, Lucas, a morte do corpo físico não é igual, difere muito, cada desencarnação é única. É como o nascimento, parece que os bebês nascem, reencarnam, da mesma forma, mas cada um tem sua história, suas particularidades. Você depois entenderá por que iremos observar.*

— *Diga, pelo amor de Deus, o que tenho que fazer* — pediu o recém-desencarnado.

— *Observe e escute.*

Os dois escutaram da lavanderia vozes na frente da casa e, pelo barulho, a vizinhança toda estava ali. A ambulância chegou e, junto a dois paramédicos, entraram várias pessoas.

— Não sei por que chamar a ambulância se já sabemos que o sujeito está morto — falou alto Ademilson.

Ademilson era o marido de dona Marlene. Lucas simpatizava com ele, mas o marido de dona Marlene não gostava de seus conselhos, nem dele. O vizinho fumava muito e ele o alertou várias vezes de que isso poderia lhe fazer mal, causar doenças, de que deveria parar. Ademilson não se sentiu alertado, mas criticado, julgado como um irresponsável que prejudicava a si e a quem estava perto.

— Por favor, Ademilson — pediu dona Marlene —, fique quieto, não sabemos se o senhor Lucas morreu ou se está inconsciente, somente os médicos poderão confirmar.

— Está bem — respondeu Ademilson baixinho. — Eu que fumo estou vivo; ele, tão certinho, morre! Uma vez me chamou de "insano"...

Dona Marlene o olhou e Ademilson calou-se. Lucas ouvia a todos, embora falassem muitos de uma vez só. Os dois paramédicos o examinaram, estava inerte.

— Está morto! — afirmou um deles.

— Tem certeza? — perguntou Fernando.

— Absoluta — respondeu o senhor —, porém devemos levá-lo ao hospital, onde será examinado, para confirmarmos. Alguém é parente? Não? Avisem os parentes. Quem pode fazer isto?

— Marlene, vamos nós duas avisar? Conhecemos os sobrinhos dele — lembrou Rosely.

— Fiquem somente as duas aqui, e vocês saiam, por favor — pediu o paramédico.

— Devo avisar dona Isaura no orfanato, íamos para lá, e agora o senhor Lucas não irá mais.

— Aqui está meu telefone — disse dona Marlene, dando um pedaço de papel com um número para um dos paramédicos. — Por favor, peça para alguém do hospital nos informar onde e quando o senhor Lucas será enterrado.

Os dois profissionais acomodaram o corpo inerte na maca, cobriram-no com um lençol. Lucas, que continuava encostado num canto, quieto, com medo, sem saber o que fazer ao ver pegarem seu outro corpo, chorou desesperado e viu que Fernando enxugou o rosto molhado de lágrimas. As vizinhas também se emocionaram e verteram algumas lágrimas.

— *Não posso ter morrido! Não eu!* — gritou Lucas.

— *Por que não? Você não é um ser como os outros? Por que não pode morrer?* — perguntou Juliano.

— *Não sei, acho que não esperamos que isso nos aconteça. Por que será que pensamos na morte dos outros e não na da gente? Não quero morrer! E já morri!*

— *Temos a continuação da vida. Todos a têm.*

— *Não é a mesma coisa* — lamentou Lucas.

— *Não é, mas você se adaptará.*

— *Eles vão me levar embora...*

— *Levarão somente o corpo físico que usou para se manifestar entre os encarnados* — esclareceu Juliano.

— *Se continuo vivo, não era para esse corpo espiritual ser mais importante?* — perguntou Lucas.

— *Ele é mais importante!*

— *Por que não sabemos?*

— *Sabemos sim, sentimos no nosso íntimo* — respondeu Juliano. — *Mas para muitas pessoas não é conveniente lembrar deste fato.*

Lucas teve uma sensação estranha ao ver cobrirem seu outro corpo. Não sabia se o acompanhava, se ficava na casa ou se juntava aos vizinhos. As pessoas saíram, ficando somente Marlene e Rosely. Juliano observava tudo tranquilo.

— *Eles estão falando de mim. Devo escutá-los?* — perguntou Lucas.

— *É melhor ficarmos aqui e tentar ajudá-las nos telefonemas* — opinou Juliano.

— *Não é bom escutar comentários a nosso respeito e não poder nos defender. Suicídio! Que absurdo! Nunca mataria alguém, muito menos a mim.*

— *Surpreendemo-nos sempre quando falam da gente achando que não estamos ouvindo. Você está bem?* — quis Juliano educadamente saber.

— *Claro que não estou! Morri!* — respondeu e chorou novamente.

CAPÍTULO 2

MOMENTOS DIFÍCEIS

— Vamos, Rosely — convidou Marlene —, telefonar para os parentes do senhor Lucas. Acho que ele tem uma agenda perto do telefone, não devemos mexer em nada, mas temos mesmo que pegá-la.

— Se temos de avisar, será mesmo por telefone, nenhum deles mora aqui perto. Conheço-os de vista, vinham pouco aqui. O fato é que raramente visitavam o senhor Lucas.

As duas entraram na sala e, de fato, havia uma agenda perto do telefone. Marlene abriu-a.

— Não tem nomes, somente números. Que faremos? Que modo estranho de anotar. Como ele sabia de quem era?

— O jeito é ligar para todos os números que estão anotados — respondeu Rosely.

Começaram a ligar.

— *Não façam isto!* — pediu Lucas, que não foi ouvido; então, explicou a Juliano: — *Aí estão marcados números de muitas pessoas que não têm por que saber de minha morte. O primeiro é do açougue, costumo telefonar antes de ir lá, perguntando se tem o que quero ou solicitando que deixe pronto meu pedido, que vou buscar.*

Lucas assustou-se, escutou a pessoa atender. Mesmo sem entender o porquê, ouviu. Então prestou atenção. O açougueiro disse:

— Senhor Lucas morreu?! Adeus, freguês chato! Ainda bem que não me devia. Desculpe-me, dona Rosely, falei sem querer. Sinto muito. Se der, irei ao velório. Muito obrigado por me avisar.

— *Não era ou sou chato!* — defendeu-se o recém-desencarnado. — *É que entendia de carne e não deixava ele me enganar. De fato não lhe devia, nem a ninguém. O açougueiro agradeceu por educação, logo esquecerá. Não se interessou pela minha morte. Puxa, não pensei que ele me achava chato, nunca quis aborrecê-lo.*

— Acho que este é parente — informou Rosely, discando outro número.

— Tomara que seja! — exclamou dona Marlene.

— *Este é!* — afirmou Lucas a Juliano. — *É esposa do meu sobrinho. Tenho três, não somos unidos.*

— Tio Lucas é parente do meu marido. Mas de quê morreu? Não sabem? Entendo.

— Senhora — pediu Rosely —, na agenda do senhor Lucas tem alguns números, mas não os nomes. Será que a senhora não faria o favor de informar aos outros parentes?

— Farei isto e agradeço por avisar.

— Dona Marlene! Dona Rosely! — chamou Fernando. — Posso entrar?

— Já entrou — respondeu Marlene. — O que quer? Estamos telefonando, como nos foi pedido.

— Queria telefonar para o orfanato, eles estão nos esperando. É rápido, avisarei que não iremos e vou contar o motivo. Também vou pegar uma roupa e levar para o hospital. Depois que eles examinarem o corpo, a funerária o vestirá para o enterro. Lembrei! O senhor Lucas tinha um plano funerário! Ele me disse até onde guardava. Na gaveta da mesinha do telefone. — Abriu a gaveta. — Veja, aqui está!

O moço tirou de dentro um envelope pardo escrito com letras grandes: Plano Funerário.

— Abra! — ordenou Marlene.

Fernando abriu.

— Aqui está nome, endereço, telefone da funerária e o cemitério onde tem um túmulo. Vou ligar para eles informando do falecimento do senhor Lucas. A senhora me dê licença, estes telefonemas são primordiais.

Pegou o telefone da mão de Rosely e discou. Lucas ficou atento, escutando. Fernando falou e a atendente da funerária confirmou que realmente tudo estava pago e planejado e que eles iriam tomar as providências imediatamente. Pediu para avisarem que o velório seria no cemitério Bom Jesus e, cumprindo ordens do senhor Lucas, o enterro deveria ser logo, provavelmente naquela tarde.

Fernando repetiu para as duas ouvirem.

— Vou telefonar novamente para a sobrinha dele, avisando-a. Quem poderia imaginar que o senhor Lucas faria isto, planejar seu enterro! — admirou Rosely.

— Não somente planejou o enterro como o velório! — exclamou Marlene. — Não dará trabalho. Os sobrinhos que irão gostar. Vocês sabem quantos sobrinhos ele tem mesmo?

— Três — informou Fernando. — Conhecendo o senhor Lucas, não estou admirado por ele ter feito isto, era muito organizado. Pelo menos terá o velório e o enterro como e onde queria. Vou escrever para as senhoras não esquecerem o nome e o endereço do cemitério onde será velado e enterrado. Não se esqueçam de informar que provavelmente o enterro será hoje à tarde. Vou ligar para o orfanato. — Fernando discou e continuou falando: — Alô! Dona Rosita? Aqui é o Fernando... Não estamos atrasados, é que não vamos... Passei aqui na casa do senhor Lucas, e ele não estava bem... Foi para o hospital... Dona Rosita, seja forte, o senhor Lucas morreu... O enterro será com certeza hoje ainda... Sei que é difícil irem... Isto! Orem por ele... Tenho que desligar. Até logo!

Rosely pegou o telefone, discou para a casa do sobrinho à qual já tinha ligado e deu as informações.

— Acho que não devo confiar nessa esposa do sobrinho do senhor Lucas. Não tem tantos números, vou ligar para todos, talvez entre esses exista algum amigo que precise saber.

E continuou ligando, seguindo as anotações da agenda. E o recém-desencarnado ouviu as exclamações do outro lado: "Morreu?!", "De quê?", "Como?" e o famoso: "Coitado!".

— *Por que será que acham que os que morrem são coitados?* — perguntou Lucas a Juliano.

— *Deve ser porque, para muitos, é incerto o que ocorre na desencarnação, e sentem piedade dos outros. Ou, como não querem morrer, ou seja, desencarnar, sentem dó de quem muda de plano.*

— *Pois eu preferiria não ser designado com o adjetivo de "coitado". Não sou!* — Lucas afirmou com convicção.

— *Nem tudo que falam ou pensam de nós é o que somos* — explicou Juliano. — *Podemos discordar, porém todos têm direito de pensar o que quiserem e de dar suas opiniões, que podem ser verdadeiras ou não. Você não fazia isto? Quando opinava sobre algo, não queria opinião contrária.*

— E agora, ouvindo-os, não posso me defender! Lástima!

Fernando ficou parado escutando alguns telefonemas e as interrompeu novamente:

— Tenho que levar uma roupa para o pessoal da funerária vestir no senhor Lucas. Uma das senhoras não irá ao quarto comigo? Não quero ir sozinho.

— Está com medo? — perguntou Marlene.

— Não é isto — respondeu o moço —, é que o senhor Lucas não gostava que mexessem nas coisas dele e, depois, quero opinião sobre a roupa, qual escolher.

— Escolha a melhor — opinou Marlene. — O senhor Lucas tinha vários ternos, pegue um escuro, camisa branca, acho que ficará bom. Vou com você ao quarto. É melhor você levar a roupa logo.

Fernando e Marlene entraram no quarto e Lucas foi junto.

— *Não gosto mesmo que mexam nas minhas coisas* — confirmou o recém-desencarnado a Juliano. — *Vivi sozinho muitos anos, mantenho tudo no devido lugar.*

— *Tente pegar esta escova de cabelo* — pediu Juliano.

Ele foi pegar, tentou três vezes e não conseguiu. O objeto continuou em cima da cômoda.

— *Não consigo!* — exclamou.

— *Tudo o que não podemos pegar e usar, agora que desencarnamos, não é mais nosso. Você dispôs desses objetos e da* casa para viver um período. Agora não precisa mais deles, então não são mais seus.

— *Eu gosto deles!* — lamentou o recém-desencarnado, com os olhos cheios de lágrimas. — *Cuidei deles, gosto de minha cama, do meu travesseiro e...*

— *Sei que você gostava, mas devemos aprender a ser desprendidos. Fez bem em cuidar de tudo, nada deve ser desperdiçado, tudo que nos é útil deve ser bem usado e de nada devemos abusar.*

— *Nada disto* — apontou para os móveis do quarto — *é meu realmente?*

— *É nosso o que nos acompanha na mudança, o que podemos trazer conosco* — respondeu Juliano.

— *O que será que irá me acompanhar?* — quis Lucas saber.

— *Você verá.*

— Nossa! — exclamou Marlene. — Quantas roupas guardadas. O senhor Lucas tinha bom gosto.

— Vamos escolher logo — pediu Fernando. — Parece que estou escutando o dono da casa falando que não gosta que mexam nas suas coisas.

— Não é estranho? O senhor Lucas nem gostava de visitas e nós estamos aqui, abrindo seu armário e escolhendo a roupa que irá vestir. Sabe o que estou pensando? Se eu morrer, não quero ver as pessoas mexendo nas minhas coisas, mesmo que sejam meus filhos e marido. Acho que irei organizar meus pertences, vou dar sumiço em tudo que não quero que alguém veja.

— Eu não tenho muita coisa — disse Fernando —, nada que alguém não possa ver. Mas a senhora tem razão, não é agradável pensar que outras pessoas fiquem sabendo algo que guardamos, algo íntimo, segredos, após nossa morte.

Fernando pensou nos pequenos objetos que guardava de Rosinha: uma flor, um pedaço de papel que ela jogou no chão, mas que esteve em suas mãos. Suspirou e resolveu prestar atenção no que estava fazendo.

— Vamos pegar somente as roupas — determinou o moço. — Este terno e esta camisa. Devo levar um cravo?

— Claro! — respondeu rápido Marlene. — O senhor Lucas, sempre que colocava terno, usava a flor na lapela. Por que será? Uma vez, não aguentando a curiosidade, perguntei.

— A senhora falou lapela, o que é isto?— perguntou Fernando. — Para mim, o senhor Lucas colocava o cravo no paletó.

— Lapela é a parte dianteira e superior do casaco, a que é virada para fora — explicou Marlene.

— O que ele respondeu quando lhe perguntou por que usava o cravo? — quis Fernando saber.

— Que achava bonito. Mas ninguém usa mais flores no paletó. Deveria usar para chamar atenção, ser diferente.

— Prefiro a resposta dele: gostava. Vou pegar este cravo, é o mais bonito.

Numa caixa estavam vários cravos de tecido, todos brancos. Pegaram então tudo o que acharam ser necessário, fecharam o armário e voltaram à sala. Rosely continuava no telefone.

— Vou indo — informou Fernando. — Quando as senhoras acabarem, fechem a casa, não deixem ninguém entrar e informem os vizinhos do enterro. Vou comprar um cravo branco natural para colocar na lapela do senhor Lucas junto com este de tecido.

— Estou quase acabando — informou Rosely, colocando o telefone na base. — Faltam dois somente. Eu vou comprar um buquê de cravos e levar no velório. Mania estranha essa do senhor

Lucas, usar ternos e colocar flor na lapela. Costume antigo! Certamente usou quando era jovem. Minha sogra também somente usa roupas antigas. Nem com muito frio veste calças compridas. Tchau, Fernando, vou continuar com os telefonemas.

Quando ia pegar o telefone, este tocou; ela atendeu.

— Sou Rosely, a vizinha... Sim, estou aqui com Marlene, a outra vizinha... Telefone da casa... Sim, a funerária está paga, e o enterro deverá ser hoje... O senhor Lucas deixou tudo planejado... Sim, senhor! Não vamos mexer em nada. Que coisa! Vou acabar de telefonar para os números da agenda dele... Fecho sim a casa... Está bem, fico com as chaves e dou-as ao senhor... Como chama mesmo? Está bem, senhor Maciel, logo acabarei, sairemos, tranco tudo e no velório lhe dou as chaves.

Desligou indignada e explicou aos dois, a Marlene e a Fernando, que, quando tocou o telefone, ficou curiosa para saber quem era.

— Era Maciel, um dos sobrinhos do senhor Lucas, acho que o conheço; bem, isto não importa. Pelo que senti, ele achou ruim nós estarmos aqui e eu estar telefonando daqui, da casa do morto. Se não fosse pela tragédia, porque, para mim, morte sempre é tragédia, teria lhe respondido grosseiramente. Mas sou educada! Que ele pensa? Que poderíamos mexer nas coisas do defunto?

— Ingrato! O que ele queria? — perguntou Marlene. — Que telefonasse da minha casa e tivesse a conta elevada no fim do mês? Deve ter ficado é preocupado, com medo de pegarmos algum objeto. Senhor Lucas não deve ter nada de valor. É melhor acabarmos logo, e você, Fernando, vá rápido, antes que os sobrinhos venham aqui e não deixem levar essa roupa que é boa. Eles são capazes de enterrá-lo com a pior que encontrarem no armário.

— Já vou — falou Fernando.

O moço saiu rápido, encontrou muitas pessoas na calçada conversando. Ele os informou de onde seria o velório e o enterro, não esperou pelos comentários, colocou a roupa atrás do veículo e foi levá-la ao hospital.

Lucas ficou aborrecido com o que escutou.

— *Por que as pessoas comentam tanto?* — perguntou ele.

— *É porque não aprendemos ainda a auxiliar sem opinar* — respondeu Juliano. — *Pensamos sempre que fazemos o melhor, que nossas opiniões são as mais certas.*

— Pronto, acabei — falou Rosely. — Somente duas chamadas não foram atendidas. Paciência, estes ficarão sem saber. Não vou voltar mais aqui. Vamos fechar a casa e ir embora.

As duas, rápidas, verificaram se as janelas estavam fechadas, trancaram o portão dos fundos e saíram pela porta da frente. Juliano, delicadamente, puxou Lucas pelo braço e saíram juntos. Rosely explicou para os que estavam na calçada:

— Telefonei para todos os números que estavam na agenda do senhor Lucas. Um sobrinho dele, o Maciel, pediu para fechar tudo e levar as chaves para ele no velório.

— Imagine que o ingrato desse sobrinho achou ruim estarmos na casa telefonando! Ele queria que os avisassem de onde? — contou Marlene, indignada.

— Pensem que estamos fazendo um favor para o senhor Lucas e não para esse sobrinho — determinou Lucília. — Se o enterro vai ser de tarde, é melhor voltar para casa e nos organizarmos para ir até lá.

— Pelo jeito não irão muitas pessoas — comentou Clodoaldo. — É triste não ter filhos, ninguém chorará no enterro.

— É bem feito para ele! — exclamou Ademilson. — Não casou, não teve filhos e não terá ninguém para lamentar por ele. Quando minha mãe faleceu, o senhor Lucas me disse algo no velório que não esqueço: "Ademilson, por que chora? Você fez sua mãezinha chorar por você." Foi verdade, minha mãe sofreu com algumas atitudes minhas, mas eu respondi: "Por isso mesmo que choro, ela verteu muitas lágrimas por minha causa e eu choro agora por ela."

— Não esqueça — lembrou Rosely — que o senhor Lucas pode ter sido indelicado, mas foi ele quem lhe emprestou o dinheiro para o enterro. Ele deu sua opinião, mas ajudou-o.

— Foi verdade, emprestou o dinheiro e me ofendeu — concordou Ademilson.

— Você pagou o senhor Lucas? — quis Lucília saber.

— Estava pagando. Ele não me cobrava. Não estou bem financeiramente, fiz outras dívidas.

— Não é bom dever para defuntos — opinou Clodoaldo.

— Devemos pagar todas nossas dívidas, mas, se ele não lhe cobrou, não irá cobrar agora — concluiu Rosely.

— Não vou ter como pagar essa dívida — disse Ademilson.

— Quando tiver dinheiro, dê ao orfanato. Acho que o senhor Lucas ficará satisfeito — opinou Rosely.

— Boa ideia! Quando puder, darei o que devo ao senhor Lucas para o orfanato.

— Quando puder? Então o orfanato não receberá nada — falou Clodoaldo baixinho.

O grupo se dispersou e Marlene foi avisar a todo o quarteirão. Lucas enxugou umas lágrimas e lamentou:

— Não pensei que Ademilson fosse se ofender, emprestei a ele dinheiro, ou dei, porque sabia que não iria me pagar. Achei que ele não fora bom filho, que estava fingindo no enterro, chorando daquele jeito. Porque quem ama não faz o outro chorar.

— *Julgou?* — perguntou Juliano. — *Se o fez, errou. Ademilson pode ter causado preocupações e até mesmo dado motivos para que a mãe dele sofresse, chorasse pelo que ele fazia. Mas isso não é afirmativa de desamor. De fato, aquele que ama realmente, verdadeiramente, quer o bem do ser amado antes do seu. Mas os que aprendem a amar tropeçam e tantas vezes ofendem o ser amado. Você não sabe o que ocorria com os dois na intimidade.*

— *Achava que dona Marlene não gostava muito de mim, agora vejo que não lhe era nem um pouco simpático. Mas mesmo assim ela está ajudando.*

— *Ela teve motivos para não simpatizar com você?* — perguntou Juliano.

— *Dona Marlene deve ter motivos. Estou lembrando agora de uma vez em que eu estava aqui na calçada esperando por Fernando; ela com mais duas vizinhas pararam e ficamos conversando. Rosely elogiou-me, dizendo que admirava meu trabalho voluntário com os internos do orfanato. Dona Marlene falou que se ganhasse muito dinheiro, ou se o tivesse, ela iria construir um orfanato-modelo, moderno, equipado etc. Eu opinei: "Por que não deixa de sonhar e faz alguma coisa? Pode ser que nunca tenha dinheiro para realizar esse projeto. Por que não vem conosco à instituição passar algumas horas com as crianças?" Ela respondeu: "Não tenho tempo, cuido da casa etc." Agora compreendo que devo tê-la ofendido porque a repreendi: "Dona Marlene, quem não faz pequenas coisas não está apto para as grandes. Tempo, a gente, quando quer, arruma, é só conversar menos." As vizinhas riram, Fernando chegou e fomos para o orfanato. Ofendi-a, mas é o que realmente penso. Dona Marlene fala muito, não faz nada, somente sonha.*

— *Lucas* — elucidou Juliano —, *você poderia ter dito isso a ela a sós. Não é agradável ser repreendido perto de outras pessoas. E pode-se dizer a mesma coisa de modos diferentes, com delicadeza, com tom amável, devemos ter cuidado para não ofender. O fato é que muitas pessoas fazem promessas, às vezes inconscientes, como: se tiver, vou doar. E esse desejo de ter é quase sempre com facilidade. Querem fazer algo grandioso e, algumas, com intenção de serem louvadas, elogiadas, tachadas de bondosas. Se não der para fazer algo grande, não serve o que julgam pequeno. E não fazem as obras grandiosas, que não podem ser feitas, nem as menores, que realmente poderiam ser realizadas. Infelizmente, prejudicam a si mesmas não fazendo absolutamente nada ou quase nada. É pena! Carregando um saco com um quilo todos os dias, no final do ano terá levado trezentos e sessenta e cinco quilos. E, mesmo se isto for feito duas vezes por semana, terá uma soma no final da etapa. Se não pode levar vinte quilos, carrega-se um, mas faça com carinho e alegria. Será ruim para a pessoa quando, no final da jornada, por ter ficado somente no querer ou sonhando, não tiver levado o pouco que podia. Por esperar pelo muito, nada realizou.*

— *Ainda bem que fiz alguma coisa ou penso que fiz!* — exclamou o recém-desencarnado.

— *Você fez tanto, que, pelas suas boas ações, posso estar aqui com você.*

— *Agora estou com a sensação de que poderia ter carregado mais sacos* — queixou-se Lucas.

— *Sentimos quase sempre essas sensações. Eu também as tive.*

— *O senhor?! Mas como? Sei de suas obras. Foi um médico caridoso, construiu o orfanato. Aos domingos, feriados e à noite, atendia de graça as pessoas em seu pequeno consultório na instituição. Fez obras incríveis!*

— *Será mesmo?* — comentou Juliano. — *Fiz realmente o que você citou, mas perdi um bom tempo sem fazer nada de útil. Estudei Medicina com dedicação, quando jovem era idealista, planejei cuidar de crianças pobres, porém queria ficar mais rico e famoso. Casei com uma mulher especial, que era rica por ter recebido uma herança. Continuei sonhando, mas sempre surgia algo que servia para mim de desculpa, "primeiro faça isto, depois aquilo", e fui adiando. Tivemos três filhos, duas meninas e um garoto, que aos doze anos teve leucemia. Vi-o sofrer por dois anos, minha esposa e eu fizemos de tudo para amenizar as dores dele, que desencarnou assistido. Nesta ocasião, minha mulher disse algo que me fez refletir: "Juliano, querido, nosso filho sentiu dores físicas, mas elas foram compartilhadas conosco. Quem sofre amparado padece menos." Havia perto de casa uma senhora maravilhosa que criava cinco órfãos. Fomos visitá-la, vimos suas dificuldades, passei a cuidar deles como médico, e minha esposa e eu compramos um terreno e fomos fazendo o orfanato. Continuei com meu trabalho, o do orfanato considerei uma tarefa extra. Deveria ter feito antes. Relutamos em servir, porque queremos ser servidos. Porque erroneamente, às vezes, pensamos que servir é ser inferior, e ser servido é superior. Mas a verdadeira grandeza está no contrário, em servir com alegria, sem esperar nada, nem gratidão dos que são por nós ajudados.*

— *Devemos continuar servindo mesmo se recebermos ingratidões?* — quis Lucas saber.

— *Se você espera ser reconhecido* — respondeu Juliano, elucidando-o — *pelo que faz, não aprendeu a servir com amor. Devemos ser nós os gratos. Nunca esquecer as boas ações que recebemos e não nos lembrar do bem que fazemos. Se servirmos com amor, não nos sentiremos prejudicados ou o peso das tarefas. Aqueles que receberam ingratidões e continuam a fazer o bem aprenderam que quem faz aos outros faz primeiro para si, e o ingrato terá muito que aprender. A alegria do bem realizado com desinteresse é um tesouro intocável. Somos realmente felizes quando fazemos a felicidade de outros.*

Fizeram um instante de silêncio, e Lucas perguntou preocupado:

— *E agora, para onde iremos?*

CAPÍTULO 3

ALGUNS ESCLARECIMENTOS

— *Lucas, você não está curioso para saber como vai ser seu velório, enterro, como estará vestido?* — perguntou Juliano, após uma ligeira pausa de silêncio.

— *Sim! Não! Prefiro estar longe, se você puder me levar para algum lugar em que possa descansar, ficarei agradecido. Não estou gostando de ver o que está acontecendo.*

— *Recebi a incumbência de ficar com você esse período e acompanhá-lo. Infelizmente, não poderei levá-lo agora para um abrigo na espiritualidade. Você mesmo terá de entender o porquê.*

— Começo a compreender, pelo que escutei dos comentários sobre mim, que fui muito crítico. Não estou recebendo a primeira lição? — perguntou e, como Juliano somente sorriu, fez outra indagação: — *O senhor também passou por isto?*

— *Não, minha desencarnação foi diferente. Fiquei doente, somente parei de trabalhar quando realmente não aguentei mais. Foram sete dias no leito e, de madrugada, desencarnei tranquilamente. Percebi que meu organismo físico estava por terminar suas funções, quis ficar acordado, porém dormi. Foram dezoito dias dormindo e, quando acordei, logo entendi que tinha mudado de plano. Parentes, amigos e aqueles que eu ajudava sentiram minha falta, porém, todos, sem exceção, me desejaram coisas boas. Foram votos como: "Fique bem aí, meu querido", de minha esposa; "Papai, o senhor merece o melhor, aproveite"; "Vovô, quero que esteja bem e sem dores"; "Dr. Juliano, o senhor trabalhou muito, que tenha o descanso merecido" etc. Resumindo, eram votos desejando que eu me adaptasse no além e que fosse feliz. Achei que deveria me esforçar para não decepcionar as pessoas que me queriam bem.*

— *Descansar?* — perguntou confuso. — *Estou com vontade de ficar quieto e dormir. Será que não posso? O senhor ficou dormindo. Ou o que lhe ocorreu foi exceção?*

— *Por favor* — pediu o médico desencarnado —, *não me chame de senhor, quero ser seu amigo. Vamos nos tratar sem cerimônia. Minha desencarnação não foi exceção, é comum os recém-chegados na espiritualidade dormirem por um período. Nossos regressos ao Plano Espiritual diferem muito, existem muitos lugares para onde se pode ir. Eu não quis saber como foi meu velório, ou enterro, não me interessei por isso. Outras pessoas fazem questão de saber. No mês passado, ajudei uma senhora que fora uma ótima professora, pessoa boa, que quis saber como foi seu funeral. Foi-lhe mostrado e, para minha surpresa, ela comentou indignada: "Enterraram-me com esta roupa?"; "Não tinha muitas flores!"; "Puxa, minha sobrinha Ana não foi!"; "Não sei por que esta pessoa chorou tanto!", entre outras. Argumentei: "Escolheu a roupa com a qual queria ser enterrada?" "Não", respondeu ela, "mas eles poderiam ter bom senso, não é?" "Quando não opinamos", disse-lhe, "temos de nos conformar com a escolha dos outros e, então, escolhido está."*

Juliano, percebendo que não havia respondido as indagações de Lucas, o fez:

— *Quando puder, irei levá-lo para um abrigo e aí poderá dormir pelo tempo que quiser.*

— *Não organizei meu enterro pensando em vê-lo, nem por vaidade* — defendeu-se Lucas. — *Eu o fiz para não dar trabalho ou gasto para meus sobrinhos. Nunca gostei de velórios longos. Solicitei que, se fosse possível, durasse poucas horas. O túmulo foi onde enterrei meus pais. Você disse que dormiu e que eu, depois, poderei descansar o tempo que quiser. Determinou tempo. Então, nada de descanso eterno?*

— *A vida continua, meu caro amigo. Deus é sábio e bondoso. A Lei do Trabalho nos impulsiona ao progresso. Nada de descanso. Ociosidade é um mal, tanto no Plano Físico como no Espiritual. Nada de ficar sem fazer nada. Depois de descansado, você terá muito que fazer.*

— *Jesus trabalha? Maria, a mãe do Mestre Nazareno, não está descansando?* — perguntou Lucas, curioso.

— *Deus trabalha* — respondeu Juliano, elucidando. — *Ainda não conseguimos entender o universo. Eu não consigo, porém, acho-o maravilhoso. Sabemos que é imenso, com muitos astros, estrelas, planetas e tudo tem ordem. Tomar conta de tudo é trabalhoso...* — sorriu, feliz. — *Jesus trabalha muito, pelo que sei, nunca parou de trabalhar. Nós conhecemo-Lo pelo que nos ensinou há dois mil anos. Se eu acho o máximo o Mestre daquele tempo, nem consigo imaginar o que Ele é hoje. Se todos nós progredimos, Jesus também, e, se nós perdemos tempo, Ele não. Admiro Jesus, amo-O e quero dedicar nesse afeto tudo o que tenho de melhor. Maria, o espírito que foi mãe de Jesus nesse período que esteve encarnado, trabalha muito, realmente merece o título de mãe de todos nós, terráqueos. Agora, Lucas, vou levá-lo ao hospital.*

— Iremos como? De ônibus? Alguém nos levará? É longe para irmos a pé? — quis saber o recém-desencarnado, preocupado.

— Lucas, nós, desencarnados, temos várias maneiras de nos locomovermos. Vou lhe explicar: ao mudarmos para o Plano Espiritual, usamos este outro corpo, parecido com a nossa vestimenta física, que se chama perispírito. "Peri", do grego, quer dizer: "em torno". É uma espécie de envoltório semimaterial vaporoso, é um corpo etéreo que serve de vestimenta ao espírito.[1] Quando estamos encarnados, serve de intermediário entre o espírito e a matéria. Resumindo — Juliano sorriu —, *é o corpo que usará para viver agora na espiritualidade. E, para vivermos no Além, a maioria de nós tem de aprender, e, neste estudo, aprende-se a se locomover.*

— Li sobre isto, mas não entendi bem. É como voar? — perguntou Lucas.

— Para voar, é necessário ter asas, como as aves, ou motores, como aviões. Esse modo de nos locomover chama-se volitar, o fazemos pela força do pensamento, pela determinação da vontade. Também se pode ir de um local a outro com veículos, aeróbus, feitos de matéria flexível que temos a nossa disposição.

---

1 N.A.E.: KARDEC, Allan. *Obras póstumas*. 26. ed. Rio de Janeiro: FEB, 1993, p. 390.

Normalmente são coletivos, movidos por uma energia que, espero, logo os encarnados possam usar, ou algo parecido, que não danifique o meio ambiente e...

— Desculpe-me interrompê-lo, este corpo é parecido mesmo com o meu outro. Olhe a minha verruga. — Lucas mostrou o braço direito. — Está aqui. Como aprenderei a ser como você? Estou me sentindo encarnado!

— Sentimos, ao desencarnar, o reflexo da vida no corpo físico, como também sentimos falta de agirmos conforme nossos costumes. Nesta grande mudança, livrarmo-nos deles é uma das primeiras coisas que devemos fazer. Eu, como já lhe disse, desencarnei depois de meu corpo físico ter adoecido. Acordei num leito, numa ala do hospital de uma colônia, e fiquei em dúvida se estava ou não enfermo. Um orientador me aconselhou a pensar na saúde, foi o que fiz e me senti saudável. Numa crise de dó de mim, autopiedade, comecei a me sentir novamente doente, não quis estar mais adoentado e rapidamente mudei meus pensamentos. Neste aprendizado, pode-se rejuvenescer, não por vaidade, mas para se sentir mais disposto. A velhice, para muitos, dá a sensação de ser lento, ter enfermidades. Aprende-se também a volitar e, se quiser, você se livrará de sua verruga com facilidade. Se você estudar, logo estará como eu, e aí sentirá realmente que está vivendo desencarnado.

— Juliano, ter ou não a verruga não me importa. Estou envergonhado em dizer, mas estou com fome. Não tomei o meu café da manhã.

— O que sente, Lucas, não é motivo de vergonha, é o reflexo da vida no seu corpo físico.

— É? Que alívio! Mas como comer? Tentei pegar a vasilha para esquentar água e não consegui. Como vou me alimentar?

— Nós não nos nutrimos mais como os encarnados. Temos, na espiritualidade, alimentos que nos são próprios. Mas, como disse: a fome e a sede são reflexos da vida no corpo físico. Podemos aprender a nos nutrir de outra forma, a natureza nos dá tudo de que necessitamos. E, ao aprender, vamos nos despojando de todos eles. É muito bom livrar-se dos reflexos. No hospital onde seu corpo físico está sendo preparado para o velório tem um posto de socorro onde poderá se alimentar.

— Juliano, desculpe-me a curiosidade, você citou colônia, agora posto de socorro, o que vêm a ser essas coisas exatamente? Não me lembro de ter lido sobre isto. Se o fiz não prestei atenção.

— "Exatamente" — respondeu Juliano — não é o termo que eu usaria, porque na espiritualidade não existe nada padrão, regra geral, têm até nomes diferentes para a mesma coisa. E não precisa se desculpar por querer entender, terei o prazer de lhe explicar o que sei. Alerto, porém, que o que sei pode não ser toda a verdade, mas com certeza é parte dela. E que se você perguntar e eu não souber, simplesmente direi que não sei e irei aprender. "Colônias": chamamos assim as cidades do Plano Espiritual. Admira-se? Mas, se usamos este corpo para viver quando estamos desencarnados e ele ocupa lugar, temos de estar em algum local, não acha? Agrupamo-nos por afinidades. Moramos, trabalhamos, temos deveres e obrigações com essas cidades. Elas são inúmeras, quase na mesma quantidade que as do Plano Físico. São cidades ideais para quem gosta de simplicidade, ordem, porque lá estão espíritos a fim de se melhorar, aprender, e que gostam ou querem servir. "Postos de socorro", como o nome já diz, são casas de abrigos em que os socorridos normalmente ficam temporariamente, são de vários tamanhos e localizados em diversos pontos tanto no Plano Físico quanto Espiritual e no umbral. Os desencarnados que trabalham lá normalmente residem nesses postos de auxílio. São construções que os encarnados não veem, a não ser os sensitivos, os denominados médiuns videntes. Agora vamos, eu sei volitar e posso transportá-lo.

— Sabe porque aprendeu? — perguntou Lucas.

— Isto mesmo, não se tem privilégio, sabe-se porque estudou e pôs em prática, solidificando o aprendizado.

— Quero aprender! — determinou o recém-desencarnado.

— Pois o fará! — afirmou Juliano. — Dê-me sua mão. Vamos tranquilamente, assim poderá ver como faço. A volitação pode ser de muitos modos: devagar, depressa, rápido e muito rápido.

Lucas deu as mãos para o antigo médico do orfanato e logo se viu acima do solo. Sentiu uma sensação estranha, balançou os pés, firmou-os nos chinelos, teve receio de que o calçado caísse. Olhou para baixo e foi vendo a calçada se distanciar, sentiu medo e apertou as mãos de seu guia orientador, que não falou nada e pareceu não sentir o apertão.

— Estou com frio na barriga — queixou-se Lucas. — Começo a duvidar que morri. Acho que estou sonhando, já sonhei que voava.

— O espírito, quando está encarnado, chama-se alma, e ela pode sair do corpo físico e ir a muitos locais. Isso pode ser feito conscientemente, mas é mais raro. O comum é, quando o corpo físico repousa, a alma ir a muitos lugares. Pode encontrar outras pessoas e até desencarnados. E, em muitas destas ocasiões, pode-se volitar por ter aprendido anteriormente. É como andar de bicicleta, perde-se o jeito, agilidade, mas não se esquece. Recordar é reaprender com facilidade. Pode ter algumas lembranças dessas saídas, que alguns chamam de sonhos. E, como o cérebro do físico não consegue definir o que seja volitar, dizem que voaram. Você não está sonhando!

— É que estou achando um absurdo voar, ou seja, volitar. Não vou cair mesmo?

— Só se eu largá-lo, mas não se preocupe, eu não farei isso — Juliano riu.

— Estamos alto. Se eu cair, que me acontecerá ? — perguntou Lucas, preocupado.

— Irá parar no chão. Como seu corpo físico já está morto, não irá morrer de novo. Desculpe-me se estou rindo... O fato, meu amigo, é que, se você compreender que esse corpo que usa não precisa sentir dores, nada sentirá, mas se não entender sentirá dores pelo tombo.

— Como não tem ossos? Você não falou que esse corpo, o perispírito, é cópia do corpo carnal?

— Mas de matéria diferente. Poderia dizer que o nosso esqueleto é inquebrável. Se um desencarnado se sentir quebrado, é pelo reflexo. No estudo que irá fazer, terá aulas sobre o perispírito e entenderá tudo.

— Puxa! — exclamou Lucas, admirado. — Volitar é melhor que voar de avião. Estou vendo tudo. Muito interessante. Gostei! Mas e se estivesse chovendo? Pode-se volitar com chuvas, tempestades? Nós nos molharíamos?

— A água da chuva que molha os encarnados não molha os que têm consciência de que mudaram de plano, e tempestades não nos amedrontam. Porém, os que vagam iludidos, os que querem se sentir como se estivessem revestidos do corpo carnal, pelos reflexos, sentem-se molhar, e alguns temem o mau tempo. Eu não me molharia se estivesse chovendo, e você, estando comigo, também não, e mesmo com chuva e vento forte volitaríamos normalmente.

Por ser novidade, ele ficaria volitando por horas, mas foram somente alguns minutos.

— *Estamos chegando ao hospital* — informou Juliano.

— *Engraçado, nunca vi esta parte. Tenho quase certeza de que no mês passado, quando aqui estive visitando Laurinha, esta construção não existia.*

— *Se observar bem, verá que são duas construções.*

— *Não estou entendendo o que vejo. De fato, parecem ser duas construções. Observando bem, não são iguais. Por quê?* — *perguntou curioso.*

— *Em vários locais* — esclareceu Juliano — *que socorrem, ajudam encarnados, há quase sempre auxílio a desencarnados e, para isto, normalmente existem construções de matérias diferentes, rarefeitas. Aqui está um posto de socorro, como já lhe expliquei.*

— *As duas são grandes!* — admirou-se Lucas.

— *Os necessitados são muitos, os locais de socorro ainda precisam ser grandes. Veja como essa parte é bonita!* — mostrou Juliano o prédio da espiritualidade.

— *Estou vendo, logo acima do telhado do hospital, acho que em um metro e cinquenta centímetros, começa a outra construção, vejo diversas escadas ligando-as.*

— *Muitos sobem e descem pelas escadas, os trabalhadores do Além fazem tarefas lá e cá. Venha, vamos entrar na construção do Plano Espiritual.*

Lucas estava muito admirado, olhava tudo com atenção.

CAPÍTULO 4

NO HOSPITAL

— *Paramos? Aterrissamos? Descemos? Como perguntar sobre o que fizemos?* — quis saber.

Ao colocar os pés na varanda da segunda construção, a espiritual, Juliano soltou as mãos dele e respondeu:

— *Acho que pode usar "descer", porque volitamos acima da cidade, mas às vezes pode se subir e parar, aí paramos. Aterrissar não é o termo adequado. Nunca prestei atenção neste detalhe, sempre digo: chegamos! Vamos entrar.*

A porta estava fechada, e Lucas, admirado, viu Juliano abri-la com certos toques.

— *Por que você fez isto?* — perguntou curioso.

— Os prédios que nos servem, os do Além, são bem protegidos. Essa é uma das diferenças entre eles. No hospital para encarnados, entram todos, sem distinção. Infelizmente, nesta parte não, alguns desencarnados não podem entrar, são impedidos. Não estranhe! Você não sabe que existem seres bons e maus, e que a desencarnação não nos muda de imediato? Pois bem, os imprudentes, os incomodados com o auxílio daqueles que querem fazer o bem, se entrarem aqui, será para atrapalhar as tarefas deste posto de socorro.

— Mas por quê?

— Alguns o fazem simplesmente para farrear, uns querem tirar daqui desafetos, outros para medir forças com os trabalhadores da casa, os motivos são diversos. Por isso, os espíritos que querem entrar aqui, para abrir as portas, que são quatro, uma de cada lado do prédio, colocam as mãos nestes três pontos. Usam de suas vibrações.

— Vibração? — indagou curioso.

— Sim, a energia que irradiamos. Muitos podem tocar nesses mesmos locais, estes pontos não mudam desde que este abrigo foi construído, mas, se não tiverem energia benéfica, as portas não abrem, e, se essa energia for muito nociva, pode dar uma descarga elétrica e imobilizar o intruso por horas.

— Se eu tocar, o que acontece?

— Você quer saber se tem energia boa? — Juliano sorriu. — Se você chegasse aqui e soubesse onde colocar a mão, a porta seria aberta para ser atendido como recém-desencarnado que é.

— Entendi, preciso de ajuda porque não sei ajudar — concluiu Lucas.

— Conclusão parcialmente certa. Não sabe agora o que fazer para ser útil, mas aprenderá, porque auxiliar você sabe. Lembre-se *de que fez por merecer para ser socorrido ao ter seu corpo físico morto.*

— *Queria perguntar mais uma coisa antes de entrar no prédio. Você disse que desencarnados querem entrar aqui atrás de pessoas de que não gostam?*

— *Afetos e desafetos somos nós que fazemos* — explicou Juliano. — *Entes queridos tentam ajudar e, na maioria das vezes, conseguem. Você trabalhou como voluntário no orfanato por muitos anos. Por esse motivo, tornou-se, para mim e para muitas pessoas, querido. É pela gratidão de muitos que estou como seu guia orientador. Certamente existem pessoas que não gostam de você, mas nenhuma se tornou seu inimigo a ponto de querer que sofra. Mas infelizmente muitos, por terem feito o mal, fizeram inimigos, e algumas vítimas rancorosas, se sabem que eles estão aqui, querem entrar e levá-los para castigá-los. Muitas pessoas que desencarnam no hospital, se podem ser desligadas, são trazidas para cá, e muitos outros, que pensam que ainda estão encarnados, sentem os reflexos das doenças, vêm ao hospital para se tratar e ficam aqui para receber a ajuda de que necessitam.*

— *Ficam presos?* — perguntou Lucas.

— Não, *se alguns não podem entrar, todos podem sair. Aqui é oferecido abrigo, cuidados, alívio para suas dores. Mas o livre-arbítrio, que não perdemos com a morte do corpo, é respeitado, e ficam os que querem. Espíritos que fizeram muitas maldades e não se arrependeram não gostam do que podemos oferecer, estes normalmente não ficam. A permanência aqui é provisória, recebem-se realmente os primeiros socorros.*

Entraram, a porta fechou e pararam num saguão. Juliano indicou com a mão para onde deveria ir. Ele observava tudo, admirado.

"Não difere muito do outro hospital", pensou.

— *Entre aqui, tome seu café e me espere. Devo ir a outro local, aqui mesmo no prédio, e volto.*

— *Juliano, por favor, como tomo café?*

O médico se esforçou para não rir e pensou:

"Esse aprendiz é curioso demais, faz cada pergunta..."

— *Lucas, você não está andando? Falando? Não é da mesma maneira que fazia? Então, alimente-se também do mesmo modo.*

Entrou na sala indicada e viu uma mesa retangular e comprida com sucos, frutas, café e pães. Colocou um pouco de suco no copo e o tomou, achando saboroso. Uma senhora entrou e se pôs a limpar, sem prestar atenção nele.

— *Posso comer mesmo o que quiser?* — perguntou ele.

— *Pode sim* — respondeu a senhora.

Lucas o fez, porém achou o café um pouco frio, o pão sem muito sabor. Ia reclamar, mas pensou melhor.

"Eu, com mania de criticar! Críticas podem ofender! Estou sendo beneficiado, recebendo favores e vendo defeitos! Deveria ter parado com essa atitude há tempos, quando estava encarnado, mas nunca é tarde. Vou me policiar. Não quero mais criticar ou julgar."

— *A senhora que fez o café?* — perguntou.

— *Somente cuido da limpeza. Tudo isto é feito em outro local. Está bom?*

— *Está sim, obrigado. Posso lavar o que sujei?*

— *Nossa! É difícil escutar isso! A maioria toma o café sem se importar se foi trabalho de alguém e se alguém irá lavar a xícara também. Pode deixar, senhor, cuidarei disto, é minha tarefa mesmo. O banheiro é ali, aqui temos lavabos, pode usá-los. Estou acostumada a atender recém-desencarnados e já sei o que eles querem.*

Lucas ficou sem saber o que fazer.

"Acho que a desencarnação não nos muda mesmo. Essa senhora se parece com Esperança, uma faxineira do orfanato, limpa tudo muito bem, mas reclama. Faz e reclama."

Entrou no banheiro, tudo muito limpo. Olhou no espelho, sorriu. Aparentava estar bem. Incomodou-se com seus trajes. Nunca saía de casa sem se arrumar, de preferência vestia um terno. Mesmo para trabalhar, gostava de ir arrumado. Ajeitou-se e voltou à sala. A xícara que usou não estava mais onde a deixara. Viu dois senhores conversando, preocupados. Lucas escutou-os:

— *Falaram que morri...*

— *Que nossos corpos físicos morreram. Somos almas agora.*

— *A enfermeira disse que somos desencarnados e que a vida continua. Quis morrer, estava sentindo muitas dores, mas agora estou com medo e quero viver.*

— *Você se sente morto?* — perguntou o outro.

— *Sinto, já que ninguém me vê. Abracei minha filha e ela não sentiu nem me viu, mas me sinto vivo porque estou falando, tomando café.*

— *Quando penso na minha doença* — falou o senhor tristemente — *sinto dores. A enfermeira pediu para não pensar nela, mas sim em mim saudável. Dá certo, mas às vezes tenho pena de mim, sofri muito. Estou achando que a autopiedade é um sentimento que não deve ser cultuado. Acabou de tomar seu café? Vamos voltar à enfermaria. À tarde seremos transferidos.*

— *Estou receoso, para onde será que iremos?* — indagou o senhor, preocupado.

— *Aqui é um hospital para doentes desencarnados, sadios não devem permanecer. Devemos confiar, temos sido, até agora, bem cuidados. Não sentir dores é, para mim, como estar no paraíso. Acho que o lugar para onde iremos deve ser agradável.*

Fiquei doente por muito tempo e meses em hospitais, quero mesmo é ficar longe de doenças e no meio de seres saudáveis.

Os dois saíram e Lucas suspirou, entendeu que não era somente ele que tinha receio.

"Morrer é muito estranho!", pensou.

Juliano entrou na sala sorrindo e lhe perguntou:

— *Já se alimentou? Então, venha comigo, irei acompanhá-lo para que possa ver seu corpo preparado para o velório.*

Saíram do refeitório, deram uns dez passos pelo corredor e viram uma senhora idosa, de aspecto doentio, sentada no chão, encostada na parede.

— *Não vai ajudá-la?* — perguntou Lucas ao médico amigo.

— *Estou fazendo uma tarefa, não posso fazer duas ao mesmo tempo e não devo deixar de executar a que faço no momento.*

— *Acho estranho você perder tempo comigo em vez de cuidar dela, é mais necessitada* — opinou Lucas.

Juliano puxou-o para uma varanda, saindo do meio do corredor, e explicou:

— *Quando me senti apto, aqui na espiritualidade, para fazer pequenas tarefas, quis fazer tudo e para todos. Percebi rápido que não é assim que se é útil. Ordem e disciplina devem fazer parte de qualquer trabalho. Olhando você e aquela senhora, percebe-se rápido quem é mais necessitado, mas, se observarmos melhor e entendermos as razões, concluímos que tudo está certo. O trabalhador deve ser útil, obedecendo um cronograma do que lhe cabe executar, e realizá-lo do melhor modo possível. Você, meu caro, fez ações indevidas, mas fez muitas coisas boas que não foram invalidadas pelas erradas. Mereceu ser socorrido, e eu recebi a incumbência de ser seu guia orientador. Essa senhora era apegada a tudo que julgava ser dela, nunca pensou em deixar nada. Ainda bem que fez caridades materiais, por isso está aqui e não vagando por aí. Não queria morrer, isto é bom, devemos ficar encarnados o tempo previsto, mas seu corpo físico terminou sua função e ela teve de deixá-lo. Encarnada, esteve internada neste hospital por um longo período num apartamento de luxo, com enfermeiras particulares, mas aqui, neste posto de socorro, todos são tratados igualmente. Ela não se conforma com o atendimento, em estar num quarto coletivo, quer atenção e privilégio. Deve ter saído de seu aposento, e a revolta e o apego fazem com que sinta ainda mais o reflexo da doença que teve.*

— *Compreendi!* — exclamou Lucas.

Duas enfermeiras, trabalhadoras do posto, passaram pelo corredor, e uma delas repreendeu-a:

— *Dona Maria José, a senhora saiu novamente do quarto sem permissão? Vamos voltar ao leito e se sentirá melhor.*

Pegaram-na e levaram-na, e a senhora somente gemeu.

— *Desceremos um andar* — informou Juliano. — *Lá, como aqui, há muitas pessoas para serem tratadas, auxiliadas. Nesta parte, a espiritual, é tudo muito limpo, os trabalhadores tentam auxiliar a todos, e muitos abrigados acham o local simples, outros, luxuoso. O fato é que é acolhedor e não falta nada de que o socorrido necessite. Mas algo as duas partes têm, infelizmente, em comum: faltam servidores. Encarnados, os profissionais normalmente são pouco remunerados e trabalham muito, precisa-se de muito mais funcionários. No posto, o trabalho é voluntário, os servidores são poucos e aqui eles adquirem experiência e, como em todos os trabalhos de auxílio, aprende-se muito. A maioria dos abrigados, acostumados a serem servidos, não despertou ainda para a necessidade de fazer algo para o próximo, e alguns são exigentes. Chegam aqui como mendigos, porque sempre viveram de favores alheios. Os que fazem o bem, o fazem primeiramente para si; aqueles que servem não são necessitados, são* ricos pelo espírito. Aquela senhora fez boas obras, deu esmolas, donativos, mas não deu algo a si, não serviu, não foi benevolente. Você entendeu?

— Deu o que não lhe fez falta? — perguntou Lucas.

— Distribuiu muito, e a maioria das pessoas que receberam foi grata, e essa senhora tem recebido muitas orações. Faltou nela o desprendimento do que desfrutava. Acostumada a ser servida, está estranhando ser tratada igual aos outros socorridos. Se ela não fosse apegada, tivesse entendido que a matéria é por um período somente e que temos de deixar tudo, inclusive o corpo, a mudança de plano para ela seria maravilhosa. Esse apego não a deixou compreender o que somos.

— O que somos? Não entendi, por favor, explique-me.

— Somos o que sabemos, o que fazemos, nossas obras, isto é o que a traça não rói, ninguém nos tira.

— Desculpe-me, mas continuo não entendendo — falou Lucas.

— Vibramos o que somos. Os maus possuem uma energia malévola, enquanto os bons, uma energia agradável. Isto é patrimônio do espírito, o tesouro, como nos ensinou Jesus, que não pode ser roubado, tirado, mas sim conquistado, adquirido pelo estudo e trabalho no bem. Você não lembra que a porta do posto de socorro abriu para mim? Abriu pelo dispositivo que lê a energia de quem quer entrar. Nossa vibração é uma riqueza imodificável e intransferível. Os que possuem bons fluidos podem, pela vontade, modificá-la, por momentos, para fazer algo útil. Para isso, precisam pensar em algo errado que já cometeram. Mas os maus não conseguem modificar a sua, não conseguem fingir ser o que não são, o que não conquistaram pelos seus esforços. Podem até pensar em suas boas ações, porque é difícil alguém que não tenha realizado algo de bom, e, por instantes, *melhorarem suas vibrações. Porém, se isto for feito para enganar, não conseguirão, porque ao pensar em lograr alguém a energia nociva fará imediatamente voltarem a ser o que são, o que vibram. Assim, meu caro aprendiz, por mais que espíritos imprudentes, os que se denominam trevosos, esforcem-se em fazer muitas coisas para enganar, os precavidos os reconhecem pelos seus fluidos, que não irradiam harmonia.*

— *É por isso que existem afinidades?* — Lucas quis saber.

— *Sim* — respondeu Juliano —, *pessoas que pensam e agem do mesmo modo se afinam. Os prudentes e imprudentes podem até conviver periodicamente, mas não conseguem se harmonizar, porque os imprudentes são egoístas. E aqueles que querem melhorar têm por obrigação se despojar de suas más tendências. É na espiritualidade que reparamos mais neste fato. Os maus não conseguem ir a nossas moradias se não for permitido. Os que querem ser úteis podem ir às deles para ajudá-los. Isto pode ser feito por uma única palavra: amor. E quem ama verdadeiramente superou seus vícios. Você lia os Evangelhos, não é? Estou lembrando agora que há muitas passagens em que os desencarnados são chamados de espíritos impuros. Muitos entendem por impuros quem abusa do sexo. Mas obsessões não são somente por sexo, obsessores vampirizam desfrutando das energias dos encarnados, são egoístas, tirando dos outros para si. Por isto, eles não vibram bem, não enganam nossos dispositivos e nem os prudentes.*

Ele prestava muita atenção, estava admirado escutando seu guia orientador, que não lhe deu, naquele momento, oportunidade de novas indagações e o convidou:

— *Vamos agora descer as escadas para irmos ao hospital do Plano Físico.*

Olhava tudo, curioso. Encontraram, subindo as escadas, dois trabalhadores desencarnados amparando um recém-desencarnado com expressão assustada e confusa.

— *Juliano* — quis ele saber —, *por que não fiquei confuso?*

O bondoso médico sorriu, e ele entendeu que estava sendo sustentado por ele. Observou seu guia orientador, ele irradiava uma energia benéfica. Concluiu que ele era um ser harmonizado.

A escada acabou, e eles estavam agora no corredor movimentado de um grande hospital. Uma enfermeira encarnada passou por eles acompanhando uma senhora enferma e foi indelicada com a doente.

— *Que atendente mal-educada!* — exclamou Lucas.

— *Cuidado para não julgar* — aconselhou Juliano. — *Você nunca foi indelicado? Já não agiu como essa enfermeira?*

— *Acho... devo ter sido... fui sim* — respondeu, envergonhado, e, querendo se justificar, perguntou: — *Por que descontamos nos outros o nosso nervosismo?*

— *Quem está em paz consigo mesmo é feliz em seu interior, mesmo tendo dificuldades externas, transborda em benevolência no trato com todos os seres. Quando não se sente paz, descarrega-se o nervosismo, a intranquilidade em objetos e pessoas, tudo parece ser intolerável porque não se tolera a si mesmo. Vamos, andemos rápido, siga-me.*

Passaram por corredores, desceram escadas. Lucas comparou os dois hospitais: o dos encarnados era mais confuso, energias misturadas, mas não conseguiu observar melhor porque seu guia orientador se locomovia depressa.

— *Pronto* — anunciou Juliano —, *chegamos. Aqui está seu corpo, já preparado para o velório.*

Reconheceu o caixão que ele escolheu e comprou, e lá, dentro dele, estava seu corpo. Achou-o bem-arrumado. Ao olhá-lo, sentiu tristeza. Viu-o como uma roupa de que gostava muito e que ia ser descartada. Juliano lhe chamou atenção delicadamente.

— *É de fato uma vestimenta que usou para se manifestar encarnado. Cuidou bem desta roupagem, não se alimentou de nada nocivo e nem em excesso, não fumou, tomava bebidas alcoólicas raramente, tomou os remédios necessários, deu-lhe repouso, não tinha ataques de raiva, não guardou rancores, não odiou, perdoou, não cultivou inveja. Não se entristeça com a separação, era inevitável.*

Escutou quieto, não concordou com todos os itens. Ultimamente, de fato, fazia o que o bondoso médico dissera, mas nem sempre foi assim, teve os excessos da juventude e foram muitas as vezes que invejou, quis ser mais bonito, rico e interessante.

"Por que será que estou lembrando disso agora? Não vou pensar no passado, devo prestar atenção no que meu acompanhante diz, é o que devo fazer."

Mas, olhando novamente seu corpo físico no caixão, viu que o cravo que Fernando trouxera estava abaixo de onde costumava usá-lo. A funcionária da funerária que o estava arrumando instintivamente ajeitou a flor, colocando-a no lugar.

— *Você quer mudar de roupa?* — perguntou Juliano.

— *Quero, sinto-me desarrumado.*

— *Aqui está uma roupa, cópia da que foi vestida no seu corpo físico.*

Juliano levou-o para uma saleta, deixando-o sozinho. Ele trocou de roupa e voltou à sala. A funcionária que arrumava seu corpo no caixão exclamou:

— Pronto! O senhor Lucas pode ser levado ao velório. Morreu de infarto, está no atestado de óbito.

— *Morri de infarto?* — perguntou o recém-desencarnado.

— *Sim, você desencarnou de infarto* — confirmou Juliano.

— Como *eles souberam?*

— *Como você desencarnou em sua casa, teve de ser feita uma autópsia.*

— *Como é feito? Não senti nada!*

— *Quando o espírito é desligado de sua vestimenta carnal, não sente mais nada que acontece com ele. Não era mesmo para você sentir* — explicou Juliano.

— *Graças a Deus! Cortaram-me! Ou me abriram?*

— *A autópsia foi necessária. Embora não exista procedimento geral, em casos como o seu, em que a falência dos órgãos físicos se deu em outro local, não aqui no hospital, eles verificam primeiro se está realmente morto. Nesta outra sala, venha aqui que lhe mostro.* — Juliano pegou em seu braço. — *Com o cérebro não apresentando sinais vitais, a pessoa é declarada morta. Pelo aspecto do cadáver, o médico-legista, acostumado com este procedimento, quase sempre sabe qual foi a causa, por isso fez um corte no peito e foi confirmado o infarto.*

— *Se não fosse constatado o infarto, o que ele faria?* — curioso, Lucas quis saber.

— *Como alguém mencionou que poderia ter sido suicídio, outros procedimentos teriam de ser feitos* — respondeu Juliano. — *Examinariam o estômago para confirmar a ausência ou a presença de venenos, soníferos, e, por outros exames, teriam como saber se foi um aneurisma, acidente vascular cerebral, uma vez que não havia ferimento em seu corpo.*

— *Se eu não tivesse sido desligado, sentiria eles me cortarem?*

— *Eu o ajudei, desligando seu espírito da matéria logo após seu corpo ter parado suas funções. Esse processo não foi privilégio, foi merecimento. Quando um cadáver vem para cá para uma autópsia, e o espírito ainda está ligado à matéria, trabalhadores* da espiritualidade o adormecem para que ele não sinta ou veja esse processo. Quer ver como é feito?

Como Lucas afirmou com a cabeça, Juliano entrou com ele em outra sala, onde um médico encarnado trabalhava, ajudado por duas enfermeiras. Havia três desencarnados auxiliando-os, um deles sorriu para Juliano e o cumprimentou. Um moço, cujo corpo ia passar por autópsia, foi adormecido por um dos trabalhadores do Plano Espiritual, que colocou a mão em sua testa.

— *Muito trabalho?* — perguntou Juliano ao desencarnado seu amigo.

— *Temos sim, esse moço deu fim às funções do próprio corpo num ato de desespero. Como não deixou nada escrito, não tem ferimento, o médico tem certeza de que foi envenenamento, mas precisa confirmar, o pai exige. Ele foi encontrado morto dentro do seu carro, terá que ser feita uma autópsia.*

O profissional do Plano Físico, recebendo intuição do colega desencarnado, diagnosticou rapidamente a causa da morte do jovem.

— Resíduo de veneno no estômago! Envenenamento! — atestou.

— *Coitado!* — exclamou Lucas. — *Bonito, sadio e forte. E agora, o que será dele?*

— *A vida continua para ele também* — elucidou Juliano. — *Espero que todos o perdoem.*

— *Perdoá-lo?* — perguntou Lucas, curioso.

— *Ainda se sofre muito com a desencarnação de seres queridos. Quando é inevitável, consola-se mais fácil. Seria muito bom se encarnados tivessem entendimento sobre a morte do corpo físico e a compreensão verdadeira sobre a vida espiritual. A verdade nos liberta e podemos aplicar esse ensinamento na desencarnação, o entendimento nos livra de muitos sofrimentos. Mas, quando alguém muda de plano por escolha, a família, amigos, quase sempre se sentem culpados, achando que deveriam ter feito algo para impedir, e o "se" machuca muito. Sofrendo por este ato imprudente dele, muitos o culparão, não o perdoando. O suicida normalmente sofre muito, sentindo-se culpado pelo padecimento que causou e, quando se sente perdoado, incentivado a se arrepender e a pedir auxílio, melhora muito seu sofrimento.*

— Aquela senhora está desligada? Ela está afastada do corpo e parece perturbada — mostrou Lucas.

— Ainda faltam mais alguns detalhes para ela ser totalmente desligada — respondeu seu guia orientador, explicando. — *Ela não será examinada, porque desencarnou no hospital e a causa da morte foi definida. Alguns doentes desencarnam em casa, e os médicos que cuidavam deles podem atestar a razão do falecimento. Nestes, não são feitas autópsias, somente se for pedido pela polícia ou por parentes. Quando a morte é por ferimentos, seja por balas, facadas etc., o médico somente examina o corpo. Normalmente, o corte é suturado, limpa-se o cadáver para dar melhor aspecto para ser velado. Autópsia é somente quando não se sabe a causa da morte. Para nós, trabalhadores do Além, basta olhar para saber o que ocorreu, mas o médico-legista quase sempre precisa fazer exames. Aqui, nesta outra sala* — Juliano puxou Lucas —, *preparam os corpos para serem enterrados, e alguns passos desse procedimento não são agradáveis de se ver. E, se algum espírito ainda não foi desligado, não lhe é permitido ver e dificilmente ele sente.*

— O espírito sente se for cremado? Se o desencarnado não for desligado, sente ser queimado? — Lucas sentiu um arrepio ao pensar nisso, mas, curioso, quis saber.

— *Quando se trata da espiritualidade, não existe regra geral, e o que estou lhe dizendo é o que normalmente acontece. Em crematórios, trabalhadores bondosos desligam os espíritos se alguns ainda estiverem na matéria. As normas destes lugares é que se esperem determinadas horas para os corpos serem cremados, tempo necessário para não se ter mais fluidos vitais, isto para que não sintam a destruição da roupagem física.*

— *Vão levar meu corpo!* — informou. — *Devo dizer "meu"?*

— *Não foi a sua vestimenta? Foi emprestada pela natureza e a ela voltará. Nada é nosso de fato, a não ser o que podemos trazer para o Além. Mas pode falar seu, realmente o foi.*

— *Acho muito estranho dizer que meu corpo me foi emprestado, sinto que me foi tirado. Mas, pensando bem... estou realmente devolvendo-o. Quando nos emprestam algo, devemos agradecer ao devolver, não é?*

— *É verdade* — Juliano respondeu sorrindo —, *quando pegamos algo emprestado, por não ser nosso, devemos cuidar muito bem dele e, ao devolvê-lo, ser gratos pelo empréstimo.*

Lucas agradeceu a Deus em pensamento.

"Obrigado, Pai, pela graça do meu corpo físico!"

O caixão foi fechado, colocaram-no numa maca, e dois funcionários da funerária retiraram-no do hospital. Ele viu colocarem o corpo no veículo.

— *E agora, o que faremos?* — perguntou.

— *Vou volitar com você, iremos ao velório. Chegaremos na frente.*

— *Preciso ir mesmo? Não gosto de velórios.*

— *Sim, devemos ir* — afirmou seu guia orientador.

E volitou com ele.

CAPÍTULO 5

O VELÓRIO

No cemitério em que ele tinha escolhido e comprado o túmulo estavam alguns parentes, amigos e conhecidos esperando o corpo para ser velado.

— *Claudinha!* — exclamou.

Viu uma jovem de uns vinte anos, sobrinha-neta, ou seja, filha de um dos seus sobrinhos. Gostava muito da moça. Ficou contente em revê-la e foi ao seu encontro para cumprimentá-la. Mas que decepção. A jovem nem notou sua presença.

— *Ela não me viu!* — queixou-se triste. — *Mas, também, morri, e morto não se vê!*

— Por *favor* — pediu o médico guia orientador —, *diga o termo correto: desencarnou. E nem todos veem ou ouvem espíritos desencarnados.*

— *Espíritos desencarnados? Espírito já não é desencarnado?*

— *Espíritos somos todos nós. Quando vestimos um corpo físico somos almas ou espíritos encarnados. Quando mudamos de plano, continuamos espíritos, mas nos denominamos desencarnados. Essa roupagem que agora usamos é o perispírito.*

— *Ei, você aí, é o morto que será velado? Bonita roupa! Era sua ou compraram para enterrá-lo?*

Lucas olhou para Juliano e depois para o desencarnado que falou. Era um senhor estranho, que sorria irônico.

— O *corpo dele será velado na sala três* — respondeu Juliano —, *e não quero arruaceiros por aqui. Avise a todos, por favor, que esse velório é guardado.*

— *Sim, senhor* — respondeu o homem desencarnado e afastou-se.

Juliano, vendo Lucas admirado, explicou:

— *Nos cemitérios, normalmente encontramos desencarnados que vagam, que não têm um determinado local para ficar, e isto por muitos motivos: por não aceitarem a mudança de plano; por serem materialistas, agarrando-se à matéria, não querendo devolvê-la à natureza; outros, de tão apegados ao que julgam possuir, não conseguem se desligar totalmente. Alguns, como esse senhor, gostam de ficar por aqui, para ver os velórios e enterros; e existem até os que passam pelos cemitérios para fazer arruaças e se divertir. Em quase todos os necrotérios há um posto de socorro, e muitos trabalhadores da espiritualidade ajudam os necessitados, que, ao pedir socorro, são abrigados no posto.*

— *Que trabalho interessante!* — exclamou Lucas.

— *Todos os trabalhos de auxílio são importantes, não existem maiores ou menores, porém os que são realizados com amor e dedicação se sobressaem, são os sentimentos que fazem a diferença.*

Lucas olhou para o senhor que lhe dirigira a palavra. Parado a uns cinco metros deles, havia se agrupado com outros desencarnados, tão estranhos quanto ele. No grupo havia muitas mulheres, eles o olhavam e, percebendo-se observados, foram para o interior do cemitério.

— *Você disse que meu velório estaria sendo guardado. O que significa isto: "guardado"?* — quis ele saber.

— *O que eu estou fazendo aqui?* — perguntou Juliano.

— *Continuo sem entender.*

— *Velórios não são iguais. Quer ver um?* — Juliano pegou Lucas pelo braço, foram a uma sala e lhe explicou: — *Aqui está um homem que desencarnou aparentando muito mais idade do que sua realidade, era alcoólatra, danificou sua vestimenta física abreviando sua mudança de planos. Está voltando bem antes do previsto. Ele era consciente do mal que fazia a si mesmo, acreditava, erroneamente, que não fazia mal a mais ninguém, porém, logo ele entenderá que não foi bem assim. Seus pais sofreram com sua atitude, principalmente a mãe, e a mulher que o amou e que foi genitora de seus dois filhos. Foram as crianças que mais sofreram por ele beber, sentiam vergonha, sofriam com ironias dos amigos e nunca puderam contar com o pai. Seu espírito continua preso no corpo físico, está planejado pelos trabalhadores daqui desligá-lo antes de seu enterro e, com certeza, ficará vagando. Nada fez ele para merecer uma ajuda maior, porém, mesmo sem ninguém o guardando, isto é, sem um espírito bom por perto, os arruaceiros que vagam por aqui não estão a perturbá-lo. Eles acham que ser alcoólatra não é defeito, mas fraqueza. Poderiam sugar seus fluidos vitais se* eles estivessem saturados pelo álcool. Porém, este senhor ficou doente e faz meses que não bebe.

— Suicida! Saia logo deste corpo, não entendeu que morreu? — Um dos arruaceiros, o que Lucas achou mais estranho ainda, falou isso em frente à porta.

O senhor alcoólatra apavorou-se, tremeu de medo, escondeu-se o mais que pôde no seu corpo físico. E o que falou saiu gargalhando.

— *Ele não se suicidou, mas, pelo álcool, adoeceu, danificou sua roupagem de carne de forma que essa parou suas funções antes do previsto. Por isto está sendo considerado um suicida inconsciente. Vamos ver a outra sala* — convidou seu guia orientador.

Lucas se admirou, no outro velório havia uma claridade suave, luzes claras. Viu cinco desencarnados de aspecto bondoso confortando os encarnados que, sem desespero, choravam baixinho, a maioria orava. Entraram na sala e olharam para uma urna mortuária . Havia uma criança, sua expressão era tranquila, devia ter sido linda, mas, com certeza, teria ficado muito doente, pois estava magra, a doença deixou marcas. Juliano aproveitou para elucidá-lo.

— *Essa garotinha tinha oito anos, esteve enferma, foi desligada de imediato, e em espírito está tranquilamente dormindo na parte infantil de uma colônia, uma cidade da espiritualidade. Aqui estão desencarnados amigos, parentes que tentam consolar os pais e avós.*

— *Juliano, como sabe disto? É adivinho? Conhece todos por aqui?* — perguntou Lucas, curioso.

— Não os *conheço e não sou adivinho. O estudo e o trabalho nos apuram a sensibilidade. Sei ler pensamentos de encarnado e desencarnado. É pela prática que faço deduções. Você sabia,*

64 - O CRAVO NA LAPELA

somente por ver um fio elétrico, se estava bom para o uso ou não, se estava desencapado ou danificado e a causa. Outros sabem, somente ao ver, se um fruto está maduro e bom para o consumo. Trabalho tantos anos com os seres humanos, que basta, às vezes, observá-los para saber suas necessidades ou o que está acontecendo com eles.

Dois desencarnados que vagavam ajoelharam-se em frente à porta, e Lucas escutou de um deles:

— *É uma santinha! Não vê a luz? Vamos pedir a ela que nos ajude*!

— O que *acontecerá com eles? A menina pode atendê-los?* — perguntou baixinho a Juliano.

O bondoso médico que o acompanhava puxou-o novamente pelo braço, saíram da sala e ficaram perto dos dois ajoelhados.

— *Você não escutou o que lhe disse? Em espírito, a garotinha está dormindo, seu espírito está longe, descansando mereci-damente do longo período em que esteve adoentada, mas, sempre que pedimos ajuda, temos resposta. Você quer ver? Olhe ali, duas socorristas estão se aproximando. Vamos escutá-las.*

— *Vocês estão orando* — disse uma das socorristas —, *pedem auxílio à menina que, no momento, não pode atendê-los. Mas aqui estamos para ajudá-los. Digam o que querem.*

— *Estou cansado de ser ignorado* — respondeu um pedinte —, *de ser maltratado e de sofrer, quero estar bem. Não dá mesmo para ela, a santinha, me atender? O que as senhoras oferecem e outros que passam por aqui não me atrai. Não quero ir para o agrupamento de desencarnados bons, lá é muito chato. Não quero trabalhar.*

— *Eu vou aceitar o que vocês me oferecem. Quero mudar meu modo de viver. Se as senhoras quiserem me levar, vou e me comporto* — decidiu o outro.

Lucas não se conteve e se intrometeu:

— *Vocês querem auxílio e agem como se estivessem fazendo favor?! Vocês estão recebendo e não doando! No mínimo, deveriam ser educados e gratos.*

— *É que vemos sempre os socorristas dispostos a ajudar e...* — tentou justificar o que queria ajuda.

— *Eles são chatos. Ajudam, mas impõem condições. Lá, temos de ficar limpos, obedecer as normas da casa, não xingar e aprender a trabalhar!* — defendeu-se o outro, que não queria socorro.

— *Para mim, eles ficavam felizes quando conseguiam ajudar, e eu...* — desculpou-se o que queria auxílio.

— *O bem realizado nos dá alegrias, sim* — explicou Juliano, intervindo, não deixando Lucas responder. — *Se vocês repararem melhor, os socorristas estão sempre bem, eles doam, e vocês, necessitados, recebem. Eles prestam socorro, auxílio, e quem recebe deve ser humilde e grato.*

— *Acho que não tenho educação, mas agora entendi e peço, por favor: ajude-me* — rogou o que pediu socorro.

— *Você não irá aguentar o tédio de lá, estou avisando, e, se voltar, não será bem recebido aqui* — ameaçou o outro.

— *Quero ir! Por favor!* — exclamou o pedinte.

As duas socorristas saíram com o que pediu ajuda. O outro ficou olhando por instantes e depois se afastou.

— *Lucas* — esclareceu Juliano —, *muitos rogam pelo que não pode ser feito. Almejam receber privilégios supérfluos, ter poderes e até voltar a viver no seu corpo físico. Não sendo atendidos, revoltam-se e tentam ofender. Não aceitam o que é oferecido por não quererem, no momento, o que de fato necessitam. E você não deveria ter se intrometido. Não devemos interferir, a não ser que nos peçam, no trabalho alheio. Para serem socorristas,* estudam, e eles têm orientadores para esclarecer em caso de dúvida. Infelizmente, muitos querem ser servidos na hora, da maneira que querem, e se recusam a aprender a servir. E muitos acham mesmo que aqueles que servem têm obrigação de lhes atender. Porém, no caso que vimos agora, o socorrido entenderá, no momento devido, que é ele o necessitado. Os dois estavam orando. Como você viu, a oração não ficou sem resposta, porém um deles não pôde ser atendido. Escutamos muito: "rezo muito, estou cansado de rogar e não sou atendido". Isso acontece porque não é possível atender ao que querem. Mas, se continuarem orando, a oração acabará modificando-os, como aconteceu com o que foi socorrido.

— *Estou admirado!* — exclamou Lucas. — Mas *você tem razão. Uma vez, Lucélia me contou que rezou para Nossa Senhora separar o filho da nora. E, como sempre, critiquei, falando que ela deveria deixar o casal em paz. Agora entendo que não há como atender muitos rogos, são completamente indevidos.*

— Indevidos para aqueles que têm compreensão, porém não para todos os que pedem. Quando estava encarnado, um sacerdote amigo nos contou, a minha esposa e a mim, que uma senhora, frequentadora da igreja, brigou com outra pessoa, também assídua de sua paróquia, e que ela foi conversar com ele, pedindo para expulsar, excomungar seu desafeto, dizendo inúmeros motivos. Como ele explicou que não podia fazer isso e que a excomunhão não lhe cabia, aconselhou-a a perdoar. Ela ficou ofendida e mudou de religião. Isso *acontece, infelizmente. Muitas pessoas procuram em líderes religiosos um conselho, uma orientação, mas, se não escutam o que querem, sentem-se ofendidas, incompreendidas e maltratadas. Na semana passada, uma mulher procurou Isaura no orfanato, dizendo que queria fazer um aborto. O que a moça queria mesmo era o aval de alguém que ela considerava ser bondosa, ligada a Deus, para se justificar: "fiz, mas fulana permitiu". Como Isaura orientou-a a não abortar, a ter o filho, que essa criança lhe daria alegrias, que o aborto é um ato indevido, a mulher ofendeu-a, chamando-a de solteirona recalcada. Isaura não se permitiu ser ofendida, entendeu a moça, não respondeu e orou por ela. Mas ficou chateada, pensando que, talvez, deveria ter agido de outro modo, falado de outra maneira. Minha amiga encarnada tem um costume muito interessante e sábio. Todas as vezes que se aborrece, ela lê algum trecho do* Evangelho. *Estava perto, esforcei-me, e consegui que ela abrisse e lesse Mateus, capítulo 19, versículos 16 a 24. É a parábola de um jovem rico que procurou Jesus para se aconselhar. Queria saber o que deveria fazer para entrar na vida eterna, ser perfeito, e, quando o Mestre disse: "vende tudo o que tem, dá aos pobres e segue-me", o jovem rico retirou-se, triste. Ele, com certeza, não escutou o que queria de Jesus, e talvez tenha se decepcionado com o Nazareno.*

— *E que aconteceu com dona Isaura?* — quis saber.

— *Compreendeu que nem todos os conselhos são aceitos e nem todos os pedidos de auxílio são possíveis. Vamos agora ver outro velório* — convidou seu guia orientador.

Entraram em outra sala, e Lucas se assustou ao se deparar com o que viu. Muitos desencarnados, com expressões raivosas, vigiavam. Os encarnados presentes estavam inquietos e poucos oravam.

— *Você está vendo aqui o velório de uma pessoa que fez muitas maldades* — esclareceu o médico baixinho. — *Vamos orar por ele.*

Ficaram em silêncio. Ele viu que Juliano orava concentrado, mas ele recitou somente um Pai-Nosso, estava curioso e acabou por perguntar, falando também em voz baixa:

— O *que estes desencarnados estão fazendo? Parece que esperam alguma coisa.*

— *Você observou bem, estão esperando, sim.* — Juliano, com um gesto, convidou-o a deixar a sala. Saíram e ele explicou: — *Eles aguardam o desligamento deste senhor, que não quer se separar do corpo físico morto. Ele está, e com razão, com receio de se afastar e seus inimigos pegarem-no.*

— *O que estes espíritos poderão fazer com ele?*

— *Ao fazer mal para alguém, faz-se para si primeiro. Maldades têm uma reação negativa que atrai outra consequência negativa, que é o sofrimento. Ao cometermos atos cruéis, tornamo-nos maus, e as reações são de dores. Estes espíritos que estão aqui deixaram a crueldade que receberam fazer-lhes realmente mal, pois, não querendo perdoar e, pior, desejando se vingar, igualam-se ao seu carrasco. Com certeza, nem todos os que foram maltratados por este senhor estão aqui, muitos se encontram encarnados, e muitos outros o perdoaram. E, como sempre acontece nesses casos, estes desencarnados esperam que ele se afaste do corpo para um acerto de contas. Eles o levarão para o umbral, onde o castigarão. Infelizmente, não estou vendo nenhum espírito aqui que pudesse ajudá-lo.*

— *Eles não podem desligá-lo?*

— *Conhecimento se adquire estudando, e saber não é privilégio dos bons, maus e vingadores podem saber. Estes que aqui estão não devem saber. Certamente, já esperaram muito e não se importam de esperar mais. Se soubessem, eles o teriam desligado, ou não o fazem por estarem se deliciando com o medo dele.*

— *Será que ele não fez nenhum bem?*

— *É muito difícil alguém não ter feito algo de bom* — respondeu Juliano. — *A balança que muitos dizem existir para pesar as obras de uma pessoa que desencarna não existe, é um símbolo.*

Os bons atos que esse senhor fez não são anulados pelos maus, mas, se suas ações fossem pesadas, levantariam um dos pratos às alturas. Sentimos as reações de nossas ações, quase sempre, assim que mudamos de plano.

Juliano, percebendo que Lucas não estava entendendo, continuou a explicação:

— *Para a maioria das pessoas que desencarnam, os lados de suas balanças imaginárias são equilibrados. Fizeram atos indevidos e atos bons. Assim que entenderem, sentirão não ter feito mais ações boas. Também quem pode fazer e não faz sente por isso. Ali está uma senhora —* seu guia orientador foi mostrando as outras salas do velório —, *desencarnou idosa, foi socorrida por dois de seus filhos, somente seu corpo físico está sendo velado. Esta outra sala é a de um senhor que é apegado e está sentindo muito ter de deixar a matéria. Seus fluidos estão sendo dispersados.*

— *Já escutei falar de fluido e também de fluido vital. O que é isso? —* perguntou Lucas.

— O *fluido vital —* respondeu Juliano, esclarecendo-o — *é derivado do fluido cósmico, matéria em seu estado primitivo presente em todo o universo, a qual, por suas modificações, produz uma infinidade de fluidos, a matéria em seu estado sólido, líquido e gasoso. E não tem nada a ver com o espírito.*

O médico fez uma pausa e continuou explicando:

— O *fluido não é o mesmo em todos os seres. Varia nas espécies e nos indivíduos. Você me viu passar as mãos sobre seu corpo na lavanderia, desliguei-o, mas também dispersei seu fluido vital, que era abundante, e ele voltou à natureza. Se eu não o tivesse feito, isto se daria naturalmente, mas levaria horas. Pode acontecer, numa desencarnação, se o espírito não tiver merecimento de ser desligado e se não forem dispersados seus fluidos, de ele ser vampirizado, isto é, outros desencarnados, principalmente os imprudentes, maus e até alguns que vagam, sugarem esses fluidos. Isso ocorre muito com aqueles que foram alcoólatras ou toxicômanos. Por esse motivo, disse que aquele senhor, que foi alcoólatra, esteve doente e não tinha mais álcool no organismo, e, por ter estado enfermo e com fluido em escassez, não lhes interessou vampirizá-lo. O assunto é deveras interessante, você terá oportunidade, como têm os encarnados, de consultar obras escritas por estudiosos sobre o assunto.*

— *Meu fluido vital era abundante porque não estava doente?* — perguntou Lucas.

— *Muitos doentes, principalmente os acamados, costumam dizer que a vida vai se apagando como uma vela. A vela é simbólica, mas, realmente, o fluido vital vai se extinguindo e, quase sempre, quando acontece o desencarne, o espírito está desligado e esse fluido volta aos poucos à sua origem. Com certeza, você também já ouviu que quem dá tem em abundância. Você sempre doou de si, muitas vezes confortou as crianças, quis que sarassem, passava as mãos onde elas diziam doer. Deu e possuía. Você vibrava bem.*

— *Senhor, por favor, como faço para ir para minha casa?*

Lucas foi abordado por um desencarnado que estava vestido com terno, porém muito sujo. O senhor segurou seu braço e aguardou a resposta. Ficou sem saber o que fazer, olhou para o amigo, que sorriu. Ele entendeu que Juliano não responderia porque era ele o indagado, resolveu ser sincero e respondeu:

— *Não sei, senhor, sou recém-chegado, ainda não entendo o que acontece comigo e não sei lhe responder. Por que não pergunta para aquele senhor? Tudo indica que ele trabalha aqui.*

— *Aquele ali? Já o fiz! Imagine que ele me disse que eu, ou meu corpo, morri. Eu e meu corpo não somos a mesma coisa?*

Se não sabe, tudo bem, vou perguntar até alguém me ajudar. Está vendo aqueles ali? Eles não me escutam, fingem não me ver. Está tudo muito estranho. Mas morto eu não estou!

O homem apontou para um encarnado e foi para o outro lado. Juliano, vendo Lucas admirado, esclareceu:

— *Esse é um típico da balança equilibrada. Não fez muitas ações más, não fez inimigos, mas também não fez o bem o suficiente ou o que deveria ter feito, não quis procurar entender como seria a mudança de plano, não se preocupou com esta viagem que todos nós fazemos. Quando seu corpo físico parou de funcionar, cessaram suas funções, dele foi desligado e perturbou-se. Parentes e amigos desencarnados tentaram ajudá-lo, mas ele os teme, julgando-os fantasmas. Não quer aceitar a realidade e prefere iludir-se. Poderia voltar ao seu ex-lar pela vontade forte, volitar sem entender esse processo, mas está realmente querendo retornar, como fazem os encarnados. Como disse, está confuso, porque poderia sair andando e acabar encontrando sua ex-casa. Mas algo o prende aqui, talvez os restos mortais de seu corpo físico.*

— *O que acontecerá com ele?* — indagou.

— *Acabará se cansando. Se ele receber orações ou se esse senhor lembrar-se de orar, melhorará sua perturbação, entenderá que de fato algo muito diferente lhe aconteceu, e, aí, talvez queira ser ajudado e aceite o fato de estar desencarnado.*

— *Não gosto de velórios, ainda menos do meu!* — queixou-se Lucas. — *É necessário tê-los? Velórios parecem mais locais de encontros.*

— *É bom para o desencarnado ficar algumas horas num local para que possa ser desligado, se ainda não tiver sido, e receber ajuda. Seria maravilhoso se todos nós desencarnássemos com compreensão, tendo vivido para ter merecimento de um socorro, e* se essa mudança fosse encarada como natural. O tempo do velório é quase sempre o necessário para retirar do corpo físico os fluidos vitais e enterrar o que o espírito não precisa mais. Para muitos, essa despedida é importante; para outros, não. Todos deveriam vir a velórios e enterros com o intuito de se despedir da pessoa que está sendo velada, desejar-lhe paz, que faça uma feliz mudança, que se adapte na espiritualidade, orar, almejando que esteja bem. O que é ruim de se ver nestes locais são as pessoas falarem mal do defunto, ou terem conversas indevidas e contarem anedotas.

— Se todos viessem aqui e agissem como você falou, ajudaria muito — comentou o recém desencarnado.

— Sim, auxiliaria realmente — concordou Juliano. — Muitos vêm a velórios somente por obrigação social, mas também deveriam vir para orar, consolar aqueles que estão sofrendo com a separação. E os encarnados que sofrem deveriam compreender que esta despedida não é definitiva, reencontramos sempre com aqueles que amamos. Não deveria haver desespero nem revolta, pois essas atitudes somente prejudicam.

— Às vezes, é impossível não chorar! Eu chorei muito quando meus pais faleceram e...

— Eu disse desespero e revolta! — interrompeu Juliano. — Choro sentido de dor lava a alma, costuma-se dizer. Nessas situações, chora-se muito mais por si mesmo, lamenta-se a falta daquela pessoa e como será ficar sem ela etc. Mas muitos se preocupam com como será a continuação da vida do ser que amam e querem que ele fique bem. Você viu os pais da menina, como choravam? O choro era de resignação, de confiança na bondade de Deus, tanto que espíritos amorosos puderam vir consolá-los.

— É a lei da afinidade, não é? Atraíram estes espíritos.

— Sim, você entendeu. Também vimos junto daquele senhor desencarnados que ainda não compreenderam que somos perdoados conforme perdoamos e que a vingança os fará sofrer mais.

— Quem estará no meu? Quem serão os desencarnados que virão ao meu velório? — indagou Lucas, ressabiado.

— Será que eu não lhe basto?

Ele sorriu e respirou aliviado. Viram o carro fúnebre chegar, e Juliano convidou-o:

— Seu corpo está chegando! Vamos para lá!

CAPÍTULO 6

O ENTERRO

Lucas acompanhou Juliano, sentiu tontura e encostou-se numa árvore diante da sala em que o carro funerário parou.

— O senhor Lucas chegou, vamos esperar um pouco para entrar. Deixemos a família ir primeiro — disse uma das senhoras que estavam agrupadas, conversando sob a sombra de uma árvore.

— Você tem razão, vamos esperar — concordou uma outra e comentou: — Vocês viram a Neide? Está vestida como se fosse a uma festa. Será que o amante dela virá? Ela conhecia de vista o senhor Lucas, não sei por que veio.

— Não entendo o comportamento da Neide, ela cuida da mãe doente, agrada o esposo e o trai — comentou outra senhora.

— O marido faz tudo para agradá-la, tenho até vontade de escrever uma carta anônima contando-lhe tudo. Mas acho que ele sabe, meu esposo afirma que ele sabe. É um horror! — uma das senhoras exclamou com expressão de lamento.

— O senhor Lucas, coitado, que Deus o tenha em bom lugar, era muito esquisito. Não é porque morreu que vira santo. Não sei nem por que vim. Ele me ignorava — queixou-se outra mulher, que fora sua vizinha.

— Ele era estranho mesmo, não gostava de muita conversa, dizia ser ocupado... — concordou uma outra.

E passaram a falar de outra pessoa. Lucas suspirou fundo, a tonteira passou, percebeu desta vez que realmente era sustentado por Juliano. Olhou-o agradecido e disse:

— *De fato, não gostava muito de conversar com a vizinhança, elas fofocam demais. Por que, em sua opinião, as pessoas falam tanto da vida alheia?*

— *A maioria de nós, infelizmente, tende a falar mal dos outros. Acho que é por complexo de inferioridade, com desejo de ser superior. Diminuir o que o outro é, para ter a sensação de nos valorizar. É como apagar a luz alheia para ter a nossa aumentada. A maledicência é uma inferioridade que quer demonstrar a superioridade que não se possui, é descaridosa. Por esse vício, falar mal das pessoas, cria-se discórdia, pode ser começo de rixas e, certamente, traz infelicidade. A maledicência é fonte de desarmonia. Essas senhoras comentaram as atitudes de uma outra, a Neide, uma delas até falou que ela cuida da mãe doente. Concluo que esquecemos, muitas vezes, da benéfica luz do Sol para ressaltar as manchas que o astro-rei possui. Descobrimos falhas, deixando de ver virtudes, porque elas, muitas vezes, fazem-nos sentir incomodados e até despeitados. Nada de ressaltar as qualidades alheias, malhamos os vícios como se não os tivéssemos. Quando conseguirmos ser mais espiritualizados, desaparecerá o desejo de ser maledicente e, praticando a benevolência, teremos a consciência tranquila e seremos mais felizes.*

Juliano puxou-o e entraram na sala. Lucas viu a urna, olhou para dentro dela e viu seu corpo físico.

— O senhor Lucas está bonito — comentou Marlene —, parece dormir. Será que aprovaria?

— Aprovaria o quê? — perguntou Rosely.

— As vestes, as flores... — respondeu Marlene. — Com certeza, se pudesse opinar, colocaria algum defeito e...

Lucas não quis escutar mais, afastou-se e ficou num canto da sala, observou tudo. E ele não estava, como Marlene achava, com vontade de dar opiniões. Sentiu-se cansado e pediu ao seu protetor:

— *Será que não posso dormir? Li um livro em que uma moça desencarnou, dormiu por dias e...*

— *Isso acontece, mas você não está com sono! Ficará aqui...* — respondeu seu protetor.

— *Não mereço dormir, não é? O sono deve ser, ou melhor, é uma benção nesta ocasião.*

— *Não é questão de merecimento, permanecer aqui é, para você, um aprendizado. Aproveite, então, para assimilar as lições que está recebendo. Para muitos que desencarnam, é melhor, de fato, dormir. Alguns não conseguem adormecer e ficam para ver seus velórios e enterros. Para os que conseguem ficar despertos e participam deste acontecimento, é algo inesquecível, fonte de conhecimento. Eles vão orar, por que não reza também?*

Rezaram o terço, Lucas orava, mas sua atenção estava mesmo em observar as pessoas: umas rezavam, outras não, a maioria entrava na sala, olhava e saía, indo conversar lá fora. Seus sobrinhos vieram com suas famílias, alguns ensaiavam chorar, lágrimas rolavam pelos rostos, que eram logo enxugados, e recebiam as condolências.

— *Eles realmente estão sentidos!* — exclamou. — *Não pensei que gostassem de mim.*

— *Gostam da maneira deles, talvez como você gosta deles* — opinou Juliano.

— *Atualmente, não me importava muito com eles. Quando eles eram pequenos, tínhamos mais contato, principalmente quando meus irmãos estavam encarnados. Com a desencarnação deles e os sobrinhos adultos, nos víamos raramente.*

— *Mas você os ajudou...* — afirmou seu guia orientador.

— *Você sabe? Como sabe?*

— *Estou sempre no orfanato, trabalho lá, sei um pouco de cada um que frequenta aquela instituição. Pelo seu trabalho voluntário, pude ajudá-lo, recebe-se muito servindo com desinteresse. Fazendo o bem aos outros, para si o faz. Recebi de um orientador da colônia a informação de que você ia retornar ao Plano Espiritual e que eu deveria acompanhá-lo até que fosse para a Colônia. Para melhor executar o que me foi pedido, obtive alguns dados sobre sua maneira de viver. Não se assuste! Foi somente o básico, o que poderia me ser útil para fazer do melhor modo possível minha tarefa.*

— *De fato, ajudei meus sobrinhos, mas não quero lembrar.*

— *Você tem razão* — concordou Juliano —, *devemos esquecer o bem que julgamos ter feito e somente nos lembrar do que recebemos. Você ajudou-os a estudar, deu-lhes roupas, brinquedos, bons presentes, isso materialmente. Confortou-os nas* dificuldades, orientou-os nas profissões, seus sobrinhos têm motivos para serem gratos.

— Tive somente dois irmãos, e eles, dois filhos cada um. Minha família é pequena.

— Titio! Pobrezinho!

Uma moça entrou na sala, exclamou alto e chorou sentida, interrompendo a oração do terço.

— Era tão bonzinho! Ele me ajudava... — continuou a lamentar.

— Por favor, Marina — pediu Lucélia —, estamos rezando o terço para seu tio. Ore também, você se sentirá melhor.

Ela aquietou-se e continuaram rezando.

— *Não queria ser tachado, agora que morri, de "coitadinho"* — Lucas se queixou. — *Por que será que o morto é sempre digno de pena?*

— *Nunca entendi bem o porquê* — respondeu Juliano. — *Quando criança, meu cachorro morreu, eu chorei muito e lamentei, com pena dele. Minha avó, que era uma sábia mulher, me disse: "Está com dó dele ou de você?"; "Como?". Não entendi a pergunta, e ela esclareceu: "Você está com pena de você por ficar sem ele". "Não!", respondi, convicto. E vovó continuou me indagando: "Será que não está pensando que, ao chegar em casa, seu cãozinho não estará lhe esperando? Que ele não guardava mágoa de suas broncas e desaforos e que estava sempre à sua disposição para brincar e lhe agradar? Era seu companheiro, seu amigo e você o perdeu. Quem perdeu? Temos dó de quem perdeu! Então, você está com pena de si mesmo." Concluí que vovó tinha razão. Pelo meu conhecimento e minha crença, meu cãozinho tinha ido para o céu dos animais e seria muito feliz. Eu sofria a falta dele. Essa lição me tocou, e sempre, ao me defrontar com a morte, a desencarnação de um ente querido, assumi que chorava mais por mim, nunca mais tive pena de quem faleceu. Quando minha avó fez sua mudança de plano, admiti em voz alta para minha família que vovó, pessoa boa, somente poderia estar bem e que eu sentiria sua falta, que chorava por estar sofrendo e que eu era o coitadinho, órfão de uma avó maravilhosa. Essa moça, embora não entenda assim, sofre porque sentirá a falta de seus conselhos, ficará sem a pessoa com quem poderia contar quando precisava, sabia que você gostava dela desinteressadamente.*

Lucas olhou Marina com carinho. De fato, os dois se davam bem, havia afeto sincero entre eles. A moça orava e enxugou as lágrimas várias vezes.

— *É estranho olhar meu corpo!* — lamentou.

— *Você deve ser grato a essa roupagem, mas sem querê-la de volta* — Juliano falou em tom firme.

Lucas entendeu, mas estava sentindo piedade de si. Esforçou-se, mas não conseguiu ver seu corpo físico como algo separado dele. Juliano então o elucidou, falando tranquilamente:

— *Somos realmente o que sobrevive à falência física. Você tirou algo deste corpo* — apontou o caixão — *quando desencarnou? Se tirou, o que é?*

Ele pensou por um instante e não soube responder. Juliano então explicou:

— *Nada tirou, porque você não é dois, é um somente, o espírito. Encarnado, estava vestido do corpo físico. Esta roupagem faliu, as funções de seus órgãos pararam. Você é este que agora sente e raciocina. Não trouxe com você suas finanças, elas lhe serviram para viver com dignidade. O dinheiro não deve ser mal-usado. Ele para você, neste momento, serviu somente para pagar o caixão, as flores, para ser velado nesta sala e para ser enterrado. Se não tivesse como pagar, seria enterrado também, porém de outra forma, e isto, para você, não faria diferença. E nem faz para aqueles que compreendem que, nas suas continuações de vida, não necessitam de nada disto. Amigos e parentes encarnados acompanham-nos até aqui expressando seu carinho. Este fato para nós, desencarnados, é de grande valia e consolo. Se fizermos amigos desencarnados, isto é ótimo, eles nos ajudam. Nossas ações, o que fizemos, é tudo o que nos acompanha, sejam elas boas ou más. E afeto é resultado de ações. Por elas, também podemos fazer desafetos. Da matéria, você não tirou nada, mas o que fez, suas ações, é o que você é. Entendeu?*

— Mais ou menos — respondeu Lucas, com sinceridade. — *Estou um pouco confuso, não me sinto diferente, embora saiba que estou diferente.*

— Vou lhe explicar. Viver sem o corpo físico requer, para muitos, um aprendizado, mas como já vivemos na erraticidade, isto é, no Plano Espiritual, porque já desencarnamos muitas vezes, podemos nos recordar de alguns detalhes. Até você se adaptar, se conscientizar de que agora estará vivendo com esta outra roupagem, este corpo que é o perispírito, terá essa sensação. O que não pode é se iludir a ponto de achar que ainda está encarnado. Tudo que fez, aprendeu, o que sentia é o seu eu interno, seu espírito, independentemente da roupagem que veste, se é o corpo físico ou perispírito. Por isso se sente diferente e ao mesmo tempo igual.

— Acho que estou começando a entender. Somos espíritos e trocamos de roupagem, mas continuamos os mesmos.

Juliano sorriu e chegaram várias pessoas, lamentaram, oraram, conversaram assuntos que não tinham nada a ver com o momento e o principal era a curiosidade: "De quê morreu?"; "Quem o encontrou?"; "Por que seria enterrado logo?". Lucas escutou muitos absurdos e se entristeceu. Fernando chegou, trouxe um lindo cravo branco natural e colocou-o na lapela junto do outro, de tecido. Ele entendeu que realmente Fernando gostava dele e aquele cravo era como se fosse um presente dado com muito carinho. E, assim que o moço colocou a flor no seu corpo físico, foi como se também tivesse colocado no seu peito. Olhou e viu dois cravos no seu paletó.

— *Posso tirar um?* — perguntou ele a Juliano.

— *Pode! Se quiser, tire um de você, mas o seu corpo que está no caixão continuará com dois.*

Lucas tirou o de pano. O cravo que o amigo lhe trouxe deu-lhe uma sensação agradável. Juliano explicou:

— *É uma simples flor, mas Fernando a ofertou com muito carinho e você sentiu essa energia.*

— *Obrigado, Fernando!* — exclamou com gratidão.

Fernando não o escutou, orou com fervor e rogou:

"Senhor Lucas, quando puder, vê se dá um jeito de a Rosinha gostar de mim... Ave Maria..."

— *Ele está pedindo um favor para mim. Gostaria de atendê-lo... Por que será que algumas pessoas colocam a mão no caixão ou no meu corpo e fazem o sinal da cruz? Ouvi a rogativa de Fernando e também de outras pessoas. Aquela senhora me pediu, ordenou que levasse comigo a bronquite dela.*

— *Não se admire com crenças e superstições. Não sei de onde veio este costume de se benzer após colocar a mão no defunto. Sei, por crenças antigas, por que usamos caixão: para que o morto não saísse e, para isso, deveriam tampá-lo bem. Costumamos enterrar para que o corpo não se decomponha entre os encarnados, causando-lhes doenças. Não deve se importar com os pedidos que estão lhe fazendo, pedem o que querem, mas receber é para quem faz por merecer. Muitas pessoas erroneamente acreditam que o morto pode levar seus problemas para o além. Aquela senhora quer ficar sadia, deveria então procurar se tratar e deixar de fumar. Não se preocupe, você não levará as doenças de ninguém. Não ficamos no além com nada que não nos pertence. Você quer ajudar Fernando? Sabe?*

— *Não, não sei...* — respondeu Lucas.

— *Então também não deve se preocupar com isto agora. Com certeza, aprenderá. Quem servia encarnado logo estará servindo, auxiliando, no Plano Espiritual. E, quando souber, poderá tentar ajudar seu amigo, mas, muitas vezes, não podemos fazer o que nos pedem. Não temos como fazer uma pessoa amar a outra. Em toda ajuda, temos de respeitar o livre-arbítrio do ajudado e dos envolvidos. Amar é algo muito íntimo em um ser. Mas poderá auxiliá-lo, certamente, de alguma outra forma. Às vezes, pedimos uma flor, mas recebemos a semente para plantar, cuidar e colher, nós mesmos, a flor.*

Lucas teve vontade de pedir para sair dali, olhou para Juliano, que estava tranquilo, não teve coragem de repetir a rogativa e ficou quieto. Mas foi impossível não escutar comentários sobre sua vida, alguns fatos que ele julgava que ninguém sabia, falaram coisas boas e ruins, verdades e inverdades, ou coisas que escutaram falar... Deu graças a Deus quando o caixão foi fechado e levado para o sepultamento. Ele achou aquele ato triste. Seu túmulo ficava distante das salas do velório, foi caminhando devagar, aproximou-se de dois de seus sobrinhos e escutou-os:

— Será que tio Lucas irá para o Céu com o cravo na lapela? — indagou um deles em tom irônico.

— Nem sei se ele irá para o Céu! — respondeu o outro. — Que mania estranha essa do titio, vestia sempre ternos e colocava um cravo na lapela. Minha mãe dizia que era por causa de uma mulher, um amor proibido.

— Amor proibido? Que estranho! Não creio que tio Lucas tenha amado realmente alguém. Lembro de que ele teve algumas namoradas e sei que havia muitas mulheres interessadas nele. Chegou a morar com aquela moça que chamávamos de tia Lourdes. Lembro de que, naquela ocasião, titio fechou a casa dele e foi morar com ela. Brigaram, ele retornou, disse que nunca mais moraria com alguém e cumpriu o que prometeu. Ficou sozinho.

— Acho que, por nosso tio ter sido uma pessoa difícil, com um temperamento excêntrico, ficou sozinho. Um dia, perguntei a ele por que usava um cravo no paletó, respondeu-me que achava bonito. Eu então disse que não ficava bem, porque não se usava mais; ele me falou que também não gostava do meu boné. Argumentei que estava na moda usar bonés. "Gosto é gosto", falou ele, sério, "uso o que quero e você tem direito de usar o que quer". Saiu, deixando-me sozinho. Fui visitá-lo para pedir dinheiro emprestado e, desta vez, titio não me deu. Então, não falei mais sobre cravos com ele.

— Dinheiro emprestado? — riu discretamente o outro. — Nunca o pagamos. Será que é ruim dever para morto?

— Ora, tio Lucas sabia que não pagávamos. Emprestado era somente a maneira de dizer. Penso que titio me deu, não devo nada a ele.

— Devemos agradecer...

— Já disse obrigado e ele me respondeu "de nada". Também, se tio Lucas não gastasse conosco, com quem gastaria?

— Com o orfanato.

— Ele dava muito para o orfanato. De lá vieram apenas aquele jovem, o Fernando, e dois funcionários. Que ingratidão! Tomara que a cerimônia termine logo, enterro me entristece.

Amália, a esposa de um de seus sobrinhos, aproximou-se dos dois e chamou a atenção do marido:

— Fiquem quietos! As pessoas estão reparando vocês conversarem e até sorrirem. Tenham compostura! Sejam educados!

Os dois silenciaram e trocaram olhares como se dissessem: "Que mulher chata!"

— *Estes dois estão casados há anos* — informou Lucas ao seu protetor. — *Discutem o tempo todo, são muito diferentes, não se entendem e nenhum conseguiu mudar o outro. Por que será que sempre queremos mudar o outro?*

— *Deus criou a diversidade e não a monotonia. Talvez, se este casal fosse completamente igual, não conseguiriam ficar juntos. Uma coisa que nos faz infeliz é querer mudar as pessoas, não para Deus, mas para a nossa maneira de ser. Costumamos julgar errado todas as pessoas que não pensam ou agem como nós, e achamos que a nossa opinião é única e verdadeira. Ao tentar impor nossas ideias é que surgem tantos desentendimentos, principalmente dentro do lar. Isso acontece muito com os casais. Ao se conhecerem, veem os vícios um do outro, mas acreditam que poderão mudar a pessoa. Só que ninguém deixa de ser o que é pela vontade alheia, somente pela própria. Se aceitassem o caráter e gênio do outro, poderiam se complementar em vez de se destruírem. Com certeza, vemos defeitos nos outros. Quem não os tem? Mas, em relação a este fato, lembro sempre que Jesus disse: "vemos o argueiro no olho alheio e não vemos a trave no nosso". O melhor é vermos em nós nossos defeitos e nos outros suas qualidades. Por isso, temos o período de namoro para ver se é possível haver essa tolerância. Pelo que vi, seu sobrinho e a esposa poderiam viver bem melhor se tolerassem um ao outro. Pela minha vivência, cheguei à conclusão de que o amor entre as pessoas deve ser flexível, adaptável, para ser sustentável e durável.*

Lucas enxugou algumas lágrimas, era muito deprimente escutá-los. Percebeu que seu companheiro o tentava impedir de ficar muito triste e, de fato, prestou atenção na sua interessante explicação. Chegaram ao túmulo dois funcionários do cemitério e fizeram seu trabalho em silêncio. Foi no momento em que viu o caixão com seu corpo físico desaparecer para dentro do túmulo que se sentiu realmente separado dele. Sentiu essa separação e foi acometido por uma dor aguda no peito, uma imensa vontade de chorar, admitiu para si mesmo que sempre gostara do seu envoltório, daquela roupagem.

"Meu Deus, dê-me forças!", suplicou em pensamento.

Logo estava encerrada a cerimônia, os encarnados foram embora conversando, alguns desencarnados, curiosos, também se afastaram.

— *Vamos. Agora, você precisa descansar.*

Juliano pegou suas mãos, olhou-o carinhosamente. Ele entendeu que sua súplica fora atendida e deixou se envolver por aquela afeição. Volitaram.

CAPÍTULO 7

ENCONTRO COM OS SOBRINHOS

Desta vez, Lucas nem prestou atenção na volitação, estava muito chateado.

— *Pronto, chegamos* — anunciou Juliano. — *Você ficará alguns dias neste pequeno posto de socorro, uma casa que abriga provisoriamente desencarnados.*

Ele saiu do seu torpor e observou. O local era agradável, estavam em cima de uma construção do Plano Físico. Seu guia orientador não esperou que perguntasse e esclareceu:

— A *construção dos encarnados é um centro espírita. Acima, onde estamos, é um abrigo onde podemos nos hospedar. Entremos por aqui* — Juliano abriu uma porta. — *Essa senhora que nos recebe é uma grande amiga, chama-se Olga, é uma trabalhadora da casa.*

Olga abraçou os dois e os conduziu a uma sala, um refeitório com várias mesas e cadeiras, e os saudou contente:

— *Sejam bem-vindos! Preparei para você* — referiu-se a Lucas — *uma ligeira refeição, depois irá descansar. Sente-se aqui que irei buscar.*

Ele sentou-se no local indicado e sentiu uma energia agradável invadir seu íntimo, fortalecendo-o. Escutou de uma maneira diferente, como se falassem dentro dele:

"Senhor Lucas, esteja em paz! Nós o amamos! Que Deus o abençoe! Que o Menino Jesus o cubra com seu manto! Durma tranquilo! Dê um beijo no Papai do Céu!".

Lucas sorriu contente.

— *São as crianças do orfanato que se reuniram para orar por você* — informou Juliano.

— *Nunca pensei que orações auxiliassem assim, que nos ajudassem tanto!* — admirou-se.

— *As preces sinceras, aquelas feitas com carinho, amor e gratidão são muito benéficas para quem as faz e para o alvo, neste caso, você. Se as pessoas soubessem e acreditassem no poder da gratidão, com certeza fariam mais atos benéficos e todos nós viveríamos bem melhor. Muitos rezam, mas a finalidade da prece não deveria somente ser para tentar obter algo em troca, mas sim uma expressão de amor. Você, hoje, recebeu orações, viu pessoas rezarem por você, isto lhe sustentou, mas agora sente a energia de preces feitas com carinho. A oração nos faz bem, por ela podemos nos tornar melhores, mais pacientes, caridosos e humildes. Se tivermos boa vibração, ao orar para uma pessoa, enviamos a ela tudo que possuímos de melhor e, se for receptiva, como você está sendo, recebe energias que a fortalecem, deixando-a em paz. Que sejam nossas preces uma vibração de amor.*

Lucas se serviu de um lanche, mas queria mesmo dormir. Juliano conduziu-o a um quarto, ele gostou. Era um cômodo pequeno com uma cama de solteiro, uma mesinha de cabeceira e uma poltrona.

— *Devo dormir vestido assim?* — perguntou.

Ele continuava de terno.

— Vista este pijama.

Viu a roupa na mão de Juliano.

— *Mas é o meu!* — exclamou, admirado.

— *Cópia do que tinha. Você não conseguiria mais vestir as roupas que usava encarnado. Aqui, nossas vestimentas podem ser plasmadas.*

— *Muito obrigado. Acho que ainda não me dei conta do que está fazendo por mim. Quando entender tudo, irei agradecê-lo formalmente.*

— *Formalmente? Como?* — Juliano riu.

— *Irei enumerar os favores e dizer "obrigado" não somente pelo pijama, mas por tudo. Quero gravar em minha mente tudo que estou recebendo.*

— *Aprovado! Porém, por favor, diga um obrigado somente. Agora, descanse.*

— *Morto dormir! É engraçado, mas estou mesmo sonolento. Terei agora a bênção do sono! Dormirei por muito tempo?*

— *O suficiente* — respondeu Juliano.

Ao ficar sozinho, se trocou e acomodou-se no leito.

"Minha cama, meu travesseiro! Queria estar dormindo em minha casa, no meu leito, com o meu cobertor. Puxa! Não é que gostava das minhas coisas? Gostava! É isso! Ficou no passado. Devo ser grato por eles terem me servido, por poder desfrutar

desse conforto. Obrigado, meu Deus, por estar aqui. Quero realmente descansar, não foi fácil ver meu velório e enterro!"

Orou como de costume, mas o fez com fervor, gratidão, e dormiu.

— Senhor Lucas! Senhor Lucas! Acorde!

Ele abriu os olhos devagar, por momentos ficou sem saber o que acontecia. Não estava em sua cama, em seu quarto, olhou para a senhora que o chamava, não a conhecia.

— *Precisa de alguma coisa? Sente-se bem?* — a senhora insistia em acordá-lo.

Ele abriu bem os olhos sem saber o que responder, mas o fez se sentindo encabulado.

— *Não sei se preciso de algo! Acho que estou bem, obrigado. Onde estou mesmo? O que faço aqui? Estava dormindo!*

— *Não se lembra?* — perguntou a senhora. — *Juliano o trouxe.*

— *Juliano! Ah, sim, estou lembrando. Meu enterro! Que coisa! Vi meu velório e enterro. Morri mesmo! Desencarnei, como meu amigo fala! Não sonhei, não é?*

— *É tudo verdade. Acho que viu tudo isto que citou, velório e enterro. O senhor desencarnou.*

— *E agora?* — perguntou preocupado.

— *Juliano logo virá buscá-lo. Levante, higienize-se, alimente-se. Aqui está uma bandeja com alimentos saborosos, depois sairá com seu amigo.*

A senhora sorriu e saiu, deixando-o sozinho.

— *Morri mesmo! Desencarnei! Bati as botas! Mas não uso botas! Que expressão antiga! Acho que vou fazer o que ela me sugeriu. O hóspede deve seguir os costumes da casa.*

Ficou em dúvida se colocava o terno ou não, mas, como não viu nenhuma outra roupa, vestiu-o.

— *Que desjejum saboroso, frutas, sucos, pães. É vergonho-so, mas estou faminto. Será que é vergonhoso? Por que tenho fome?*

Pôs-se a comer. Juliano chegou sorridente e os dois se cumprimentaram, falando juntos:

— *Bom dia!*

— *Dormiu bem?* — perguntou o médico amigo.

— *Sinto-me bem. Acordei faminto. É muito estranho desencarnado ter fome e comer. Não é uma necessidade de encarnado?*

— *Realmente é* — respondeu Juliano. — *Encarnado nutre o corpo, alimentos são como combustível. Escutamos, quando estamos usando a vestimenta carnal, que necessitamos alimentar o corpo e o espírito. O corpo físico com nutrição sólida. Agora, orações, bons pensamentos, boas leituras e ações benevolentes fortalecem espiritualmente. Quando retornamos ao Plano Espiritual bem alimentados, com entendimento, desapegados, não sentimos mais as necessidades da roupagem que usávamos na Terra. Para a maioria, porém, o reflexo é forte, e, como sentia fome, sede, desencarna e pode continuar sentindo até dores etc. Não se envergonhe por ter fome, aqui os alimentos são diferentes, próprios para este estágio. Assim que você aprender a viver como desencarnado, não irá sentir os reflexos do físico, não se alimentará, não dormirá e não se cansará.*

— *Isso é maravilhoso! Quando aprenderei? É fácil?*

— *O grau de dificuldade está em aceitar ou não a mudança de planos, em desapegar. Você começará a aprender assim que for para uma colônia, cidade onde muitos desencarnados moram temporariamente, enquanto estão na erraticidade, isto é, no Plano Espiritual. Nós, espíritos, ora estamos encarnados, ora desencarnados, não temos residências fixas. Vim buscá-lo porque* seus sobrinhos e a esposa de um deles irão à sua casa. Você deve estar presente.

— Não vai ser fácil. Eles não sabem, ou não sabiam, que doei o que possuo, ou o que possuía, para o orfanato. Terei de ir mesmo?

— Sim, iremos.

Saíram do quarto.

— Devo me despedir? — perguntou Lucas.

— Não, você voltará.

Foram para um pequeno pátio onde estavam alguns desencarnados sentados em confortáveis bancos, conversando.

— São convalescentes — esclareceu Juliano.

— Todos recém-desencarnados? — quis Lucas saber.

— Alguns, outros são recém-socorridos. Você viu no cemitério desencarnados vagando, isto é, sem socorro, isto porque alguns não querem o que os postos de socorro e colônias oferecem, almejam outras coisas. Alguns ficam iludidos, acreditando que continuam encarnados; há os que vagam por outros motivos: por não merecerem no momento auxílio dos bons, por quererem se vingar de desafetos, para desfrutarem de seus vícios. Mas acabam se cansando e pedindo com sinceridade por auxílio, e então são socorridos. A maioria dos que estão aqui é para receber orientação numa sessão de desobsessão. Se der, levarei você à construção do Plano Físico, no centro espírita, para você ver como é feita essa importante ajuda.

Juliano pegou na mão de Lucas, volitaram e rapidamente chegaram ao seu ex-lar, entraram na sala. Ele percebeu que a casa ficara fechada e estava como havia deixado. Olhou tudo com carinho. Escutou um barulho, a porta da frente se abriu, e três sobrinhos e a esposa de um deles entraram na sala, conversando.

— Recuso-me a acreditar que tio Lucas deixou seus bens para o orfanato — disse Nelson.

— Não deixou, ele doou — corrigiu Amália. — Também não acreditei quando aquele moço, o Fernando, me contou no velório. Fomos ontem, Jair e eu, ao orfanato e constatamos. Tio Lucas passou, há cinco anos, esta casa, as outras duas que estão alugadas e o barracão que aluga para a oficina mecânica para o orfanato, tudo registrado e documentado. Jair pegou uma cópia, levou para um advogado, ele afirmou que tudo está correto, não tem como contestar.

— Imagine que anexado aos documentos estava um atestado, assinado por dois médicos, de que ele, nosso querido titio, estava em perfeita saúde mental — informou Jair.

Lucas se entristeceu, encostou-se em uma parede. Eles continuaram conversando, dizendo adjetivos indelicados e ofensivos.

— Aturamos o velho, e ele nos apronta! — queixou-se Maciel.

— Ora, também não aturamos tanto assim! — discordou Nelson. — Não o víamos muito, raramente o visitávamos, a não ser minha filha, Marina, que vinha sempre vê-lo. O fato é que nos encontrávamos pouco com ele. Vamos sentir falta do dinheiro com que nos presenteava. A diretora do orfanato foi clara, poderíamos vir aqui e pegarmos lembranças dele.

— Para que queremos lembranças? — ironizou Jair. — Já basta o que ele nos aprontou. Que injustiça, nós, sangue do seu sangue, deserdados! Ele deixou tudo para um bando de órfãos que nada são dele.

— Eu sempre achei esse tio de vocês biruta — opinou Amália. — Acho que não encontraremos nada de valor. Os eletrodomésticos estão velhos, não servem para nada. Mas, já que estamos aqui, vamos procurar, o que encontrarmos dividiremos em quatro.

Começaram a abrir as gavetas. Lucas não se conteve, chorou e lamentou:

— *Posso não ter sido um bom tio, eles tinham a vida deles, e eu, a minha. Raramente eu os visitava, não queria incomodá-los. Quando vinham em casa, achava que os tratava bem. Emprestava dinheiro a todos eles, ou melhor, dava, porque não me devolviam. A todos, os sobrinhos e os filhos deles, presenteava, em seus aniversários e no Natal, com uma razoável quantia. Gastava comigo muito pouco, o dinheiro sobrava, recebia duas aposentadorias. Ajudava-os e também ao orfanato. Morava nesta casa simples em que eu mesmo limpava, cozinhava, não por avareza, mas por ter tempo e gostar. Irritava-me com pessoas mexendo em minhas coisas e agora eles estão mexendo!*

— *Aproveitamos a oportunidade para aprender que nada da matéria física nos pertence* — falou Juliano. — *Tantas vezes guardamos pertences que julgamos erroneamente serem de valor, mas não o são, tanto que ficaram. E, como não são desejados por outras pessoas, podem ser rasgados e queimados.*

— *E criticados!* — exclamou Lucas. — *Você tem razão, o que pode ser importante para você não é para mim. Olhe, Amália achou um livro antigo, era de meu pai.*

Juliano olhou e viu Amália jogar o livro no chão e dizer:

— Para o lixo!

— Será que tio Lucas não guardava dinheiro em casa? Será que não iremos encontrar nada de valor? — perguntou Nelson.

— Uma vez vim lhe pedir dinheiro, vim uma vez somente — mentiu Maciel —, e titio foi ao quarto buscar. Acho que devemos procurar lá.

Foram. Cada um mexeu num local.

— Roupas? Algum de vocês quer alguma roupa dele? — perguntou Amália.

— Eu não gosto de roupas de defunto, não quero — respondeu Nelson.

— Vou dar uma olhada — falou Jair. — Gosto desta camisa e vou ficar também com este casaco. Titio possuía poucas roupas, esses ternos são antigos. Acho que não tem mais nada. O que você achou, Amália?

— Umas fotos antigas. Sabem quem são?

— Estes são meus avós, meu pai, esses não sei, devem ter sido amigos — respondeu Maciel.

— Esta não é aquela mulher que tio Lucas namorou? Esta outra é a tia Lourdes, a que ele morou junto. Vocês viram? Um dos filhos dela, se não estou enganado, chama-se Elói, estava no enterro. Mas para que queremos saber de quem são estas fotos? É melhor queimar tudo — determinou Jair.

— Não vamos fazer nada, titio não deixou para o orfanato? Eles que limpem tudo! — exclamou Maciel, com raiva.

— Achei dinheiro! — comunicou Amália. — Pouca coisa. Está nesta caixa, com dois relógios e um anel. Vejam! É uma joia bonita. Anel de mulher!

— Por que será que tio Lucas guardava uma joia feminina? — perguntou Jair, curioso, olhando o anel.

— Com certeza para presentear alguém, ou deu-o de presente e foi devolvido — comentou Nelson.

— Nunca saberemos. Agora ele é meu! Eu achei! — determinou Amália.

Os outros concordaram. Lucas não se conteve e chorou alto. Juliano continuou tranquilo.

— *Este anel* — explicou ele ao amigo — *não pertenceu a ninguém, comprei-o na esperança de dar para alguém especial, o amor de minha vida, Izilda, a Izildinha. Nunca o imaginei no dedo de Amália.*

— *Lucas, por favor, não se exalte!* — pediu Juliano. — *Quando queremos fazer algo, não devemos deixar para depois, porque pode ser que esse depois não seja como queremos.*

— *Estou aprendendo tardiamente* — lamentou.

— *Infelizmente, muitas vezes sentimos por não ter aprendido antes. Devemos realmente aprender a não ser apegados a nada e que determinados objetos são queridos somente por nós. Esse anel não era tão importante, se fosse, o teria acompanhado nessa mudança de planos.*

Lucas sofria ao ver os três mexendo em tudo. Pegaram o que acharam ter algum valor. Estavam indignados por terem sido excluídos do testamento. Ouviu-os dizerem impropérios, indelicadezas, depreciaram-no, desrespeitando-o. Nelson informou:

— Vou telefonar para a diretora do orfanato, eles que venham aqui e arrumem a bagunça, já que a casa é deles. Vamos embora, tio Lucas de fato morreu para nós, ingrato!

Saíram. Lucas, chorando, tentou pegar uma caixa no chão, na qual havia algumas fotos, lembranças, um lencinho bordado, duas flores secas, um bilhete, objetos de muitas recordações. Não conseguiu nem movê-la.

— *Não são realmente meus!* — exclamou suspirando.

Quis pegar aqueles objetos, lembranças valiosas, e os proteger. Chorou sentido. Não soube determinar quanto tempo ficou ali se lamentando. Escutou um barulho, abriu os olhos, levantou a cabeça e notou que estava deitado na sua ex-cama. Juliano explicou:

— *Você adormeceu, e eu o acomodei no leito.*

— *Dormi ou você caridosamente me adormeceu?*

— *Tentei confortá-lo e você dormiu por três horas. Fernando e Isaura estão chegando.*

— Nossa, que bagunça! — exclamou Fernando, entrando na casa. — Que sobrinhos ingratos!

— Não vamos julgá-los, Fernando — disse Isaura. — Eles não devem ter gostado do testamento. Faz quatorze dias que o senhor Lucas morreu e eles esperavam ficar com tudo. Vieram aqui em busca de objetos de valor. Pelo jeito, não devem ter achado.

— Que faremos? — perguntou Fernando. — Olhe esta caixa, tem fotos e objetos envelhecidos.

— Se estavam guardados numa caixa, deveriam ser objetos valiosos para o senhor Lucas, não temos direito de olhar, não devemos mexer, vamos queimá-los. Ajude-me, Fernando, com tudo que acharmos, cadernos, agendas, fotos, vamos fazer uma fogueira no quintal, isto não deve ir para o lixo. As roupas dele, irei mandar para o asilo; as de cama e banho, levarei para o orfanato, necessitamos tanto. Com tudo organizado, vou chamar o senhor Antônio, aquele que compra móveis usados, para levá-los. Ele me garantiu que os comprará por um preço justo. Vou deixar a casa vazia, a imobiliária fará a avaliação, venderemos os imóveis e a reforma do orfanato sairá.

— O senhor Lucas ficará contente. Será que ele poderá ver? — perguntou Fernando.

— Quando tudo estiver pronto, vou pedir a Jesus que dê permissão para o senhor Lucas nos visitar. Teremos o gabinete dentário, sala de fisioterapia e quadra de esportes, instrumentos musicais e vou comprar camas novas. Como estou contente por ter esse dinheiro! Obrigada, senhor Lucas. Mil obrigadas!

— *De nada!*

Lucas se entusiasmou, e seu protetor esclareceu:

— *Atitudes são diversas, e os resultados também.*

Ele olhou para seu protetor, sem entender, e este explicou:

— *Horas atrás, seus sobrinhos aqui vieram e agiram de um modo que o entristeceu. Fernando e Isaura respeitaram-no.*

— *Dona Isaura é uma pessoa sensível, nem é curiosa, não quis nem ler meus escritos. Vendo que não eram documentos, separou-os. De fato, se não são mais meus, prefiro que os queimem. Tantas vezes peguei estes objetos, fotos, revivi as recordações. De fato, foram valiosos para mim, e ainda são.*

— *Por isso sofre!* — comentou Juliano.

— *Preciso ficar aqui?* — perguntou.

— *Logo eles acabarão. Fernando levará as roupas ao asilo aqui perto, depois levará Isaura com o que ela separou para o orfanato. O senhor Antônio logo estará aqui, levará os móveis, e a casa ficará vazia.*

Ele teve de ficar. Viu queimarem as fotos, objetos que guardava por tantos anos. Fernando levou suas roupas, voltou logo e carregou tudo que ia ser levado para o orfanato. O senhor Antônio chegou com mais três homens, conversou com Isaura, acertou o preço e carregou tudo.

— *Parece que levaram pedaços de mim* — lamentou.

— *Tudo que a traça pode roer, tudo que estraga e enferruja, não nos pertence. Uma coisa é sua, as lembranças. Não precisamos de objetos materiais para recordar.*

— *É que cada objeto tem sua história* — justificou. — *A cômoda pertenceu à minha mãe; o armário comprei numa loja de móveis usados, restaurei-o. O sofá... que importa agora? Nada era meu de fato...*

— *Demorou, mas acabou por compreender. Como já disse, repito por ser importante, tudo que pensamos ter é, de fato, emprestado. Até a vestimenta do corpo físico, a natureza empresta para nos manifestarmos encarnados, e temos que devolvê-la. Não teria sofrido se tivesse entendido isso quando encarnado.*

— *Deve sofrer muito quem é excessivamente apegado.*

— *De fato* — esclareceu Juliano —, *se você se sente dono de alguma coisa em vez de administrador dela, sente-se ao deixá-la. Você viu bem a diferença do que é seu e do que estava provisoriamente em seu poder. Quando os objetos materiais estão conosco, fazemos o que queremos com eles, podemos passá-los para outras pessoas ou destruí-los. Sua casa ficou fechada por quatorze dias, mas poderia ter sido por quatorze anos e, para você, não seria diferente, não seria mais sua. Veria tudo se deteriorar, estragar, a traça roer, algum ladrão roubar.*

— *Conheci* — contou o ex-proprietário da casa — *uma senhora cujo filho de dezesseis anos desencarnou num acidente, e ela deixou tudo que era dele como se o garoto fosse voltar, roupas passadas, cadernos e livros, como se ele fosse à aula no outro dia. Por cinco anos, agiu assim, até que ela, a mãe, entendeu que o filho não voltaria e que muitos objetos poderiam ser úteis a outros jovens e se desfez de tudo, ela levou-os ao orfanato. Então, sentiu-se bem melhor e aliviada. Convidada por dona Isaura, passou a ir ao orfanato como voluntária. Uma vez, ela me disse: "Eu estou tentando entender Deus, Ele levou meu filho amado, que tinha pai, mãe, avós, uma família que o amava e não leva um órfão, que nada tem. Que explicação coerente se pode dar a não ser pela reencarnação, que em espírito voltamos a viver períodos em corpos físicos? Sonhei com meu filho, que me disse: 'Mãezinha, em outra vida tive de tudo, como nesta, e, por um motivo fútil, me matei. Agora que amo a vida, tive que deixá-la para aprender a dar valor.' Dona Isaura me esclareceu que sonhos podem ter muitas explicações e que eu posso ter me confundido, mas sinto que meu filho quis me dizer que a vida é importante em todos seus estágios e que devem existir motivos para ele ter nos deixado. Agora penso que essas crianças também devem ter motivos para estar aqui. Vendo-as* com as roupas que foram do meu filho, fico alegre. É preferível estarem nelas do que guardadas e estragando."

— Muitas pessoas se apegam a objetos que foram de pessoas que amam, o apego não é saudável, não é bom. E o que não serve mais para o ser amado deve servir para outro. E, com certeza, a este jovem de dezesseis anos, quando a mãe tomou essa atitude de se desfazer de tudo o que ele usou quando encarnado, fez muito bem. Lembro de tê-lo visto com a mãe no orfanato. Pela atitude generosa da genitora, o jovem pôde visitá-la e acompanhá-la neste trabalho voluntário. Cada um de nós tem sua história, a que construiu; fazemos o que queremos porque temos o livre-arbítrio, mas temos as consequências de nossas ações. Passar pela orfandade ou desencarnar jovem pode ser um aprendizado necessário, uma reação ou prova.

— Estou com saudades das minhas crianças do orfanato. Sinto que elas oram por mim — comentou Lucas.

— Você poderá revê-las. Agora vou acompanhá-lo ao posto de socorro. Logo será noite e você deverá descansar, mas desta vez não muito, algumas horas somente. Amanhã, às oito horas, o levarei ao orfanato.

Lucas olhou a casa vazia, achou-a estranha, era somente um local.

— Logo outra família a habitará, vamos desejar que sejam felizes residindo aqui — almejou Juliano.

— Que tenham crianças que gritem e cantem. Adeus, casa! Agradeço-a por ter sido meu refúgio, um lar que me abrigou. Adeus!

Esforçou-se para não ficar triste. Deixar, para não retornar, um lugar de que se gosta não é fácil, sente-se um vazio.

— *Foram muitas coisas diferentes que aconteceram com você e ocorrerão outras, com certeza. Aquelas que virão serão melhores* — Juliano animou-o.

Os dois saíram da casa e volitaram para o posto de socorro.

CAPÍTULO 8

O ORFANATO

Chegando ao posto de socorro, Juliano se despediu e Lucas foi para o quarto que lhe foi reservado. Ficou sozinho, sentou-se numa poltrona e se pôs a pensar:

"Vi em muitos enterros o defunto, o corpo físico morto, ser enterrado somente com uma roupa, talvez a sua melhor, ou a que gostava, e o resto de seus pertences, a que dera tanta importância, ficar. Objetos materiais são infiéis, mudam de donos ou são alvos de novos empréstimos. Deixei as casas para o orfanato, a transferência foi muito bem-feita, sinto pelos meus sobrinhos não terem entendido. Será que irei sentir falta da casa em que morei? Com certeza quem irá residir lá irá reformá-la.

Tomara que fique melhor! Será que irão tirar os azulejos do banheiro? Acho-os lindos! Mas que me importa se irão tirar ou não? Nada importa! Ai! Terem queimado aquelas fotos!"

Enxugou as lágrimas e exclamou, suspirando:

— *Mas antes queimadas do que serem alvo de críticas e deboches, como fizeram meus sobrinhos. Não me conformo com o anel no dedo de Amália! Acho que, se fosse usado por outra pessoa que eu não conhecesse, acharia menos ruim. Deveria ter pensado nisto e vendido ou dado a dona Isaura para rifá-lo. Guardava-o com cuidado, limpava-o e... foi um objeto inútil. Não devo pensar mais nessa joia e desejar, embora seja difícil, que traga alegrias a Amália.*

Lucas ficou desolado, nunca pensou que gostasse tanto de seu travesseiro, chinelo, cobertor, do seu jogo de xícaras.

"Se *sinto falta de pequenas coisas"*, pensou ele, *"imagine quem tem muitos bens ou julga tê-los? Sei que pessoas que foram apegadas, a ponto de serem avarentas, não desfrutaram de seus bens materiais para não estragá-los ou para que não acabassem. Quando o senhor Miquelino faleceu, houve muitos comentários na vizinhança, que seus filhos o mataram ou deixaram-no morrer para ficar com sua fortuna. Ele era tão apegado, deve ter sofrido."*

— *Boa tarde!* — exclamou uma senhora, entrando no quarto. — *Trouxe-lhe uma saborosa sopa. Quer tomá-la agora?*

— *Obrigado, acho que não quero* — respondeu ele.

— *Por favor* — pediu a senhora —, *não se entristeça, não vale a pena se aborrecer com alguns contratempos que ocorrem com a desencarnação. Dê graças pelos seus problemas serem pequenos. Alimente-se e tente descansar. Amanhã, Juliano passará aqui logo cedo para levá-lo ao orfanato.*

— *Orfanato! Gosto de lá!* — Lucas se animou. — *Poderei ver minhas crianças?*

— *Poderá, só que... elas não irão vê-lo. Mas será um belo passeio.*

A senhora se despediu, e ele resolveu não pensar em nada mais que lhe desagradasse. Tomou a sopa, colocou seu pijama, deitou, orou e determinou:

"Quero descansar, esquecer a família, desejar a eles que não guardem mágoa de mim e que sejam felizes. E que todos os objetos da minha ex-casa sirvam para alguém e que tragam alegrias aos seus novos donos."

Agradeceu a Deus com emoção e dormiu.

— *Senhor Lucas, acorde!* — chamou Olga, sorrindo. — *Juliano virá buscá-lo em quarenta minutos.*

Como Lucas acordou, Olga saiu do quarto. Ele ia se levantar, mas lembrou que nunca se levantava sem fazer suas orações. Rezou tranquilo, levantou-se, trocou de roupa, serviu-se do desjejum e aguardou pelo amigo. Assim que o viu entrar no quarto, indagou ansioso:

— *Iremos ao orfanato?*

— *Bom dia! Estou bem, obrigado. E você, como está? Já sei, descansou e sente-se bem.* — Juliano sorriu. — *Iremos ao orfanato. Está pronto? Então vamos!*

Lucas estava de terno e com o cravo na lapela, volitou tranquilamente, segurando a mão de seu guia orientador. Param em frente à instituição. O prédio era grande, mas bastava observar para ver que fora construído em várias etapas e que umas partes estavam velhas, enquanto em outras a construção era mais recente. Ele olhou com carinho, gostava daquele lugar. Suspirou e exclamou:

— *Bendita seja esta casa! Olhe!* — apontou para um veículo.
— *Fernando está chegando. Está triste! Deve ser por causa da Rosinha.*

— *Vamos nos aproximar dele, irá descarregar a perua e levar os mantimentos para a despensa. Pergunte a ele o que o aflige* — sugeriu Juliano.

— *Poderei fazer isto? Ele não me vê e com certeza não me escutará.*

— *Você entendeu bem este fato* — elogiou o médico. — *Fernando não o verá e nem o escutará, mas nosso amigo está triste e, quando ele estava aborrecido, para quem ele contava seus problemas?*

— *Para mim* — respondeu Lucas —, *vinha com ele para o orfanato, e Fernando me contava o que o afligia.*

— *Vou ajudá-lo para que escute seus pensamentos, porque Fernando, neste momento, pensa em você. Saberá um dia fazer isto, mas, neste aprendizado, entenderá que deve ser discreto e somente fazer isto se for para ajudar.*

Aproximaram-se de Fernando, que carregava sacos de farinha. Juliano falou ou repetiu o que o moço pensava:

— *Como sinto falta do senhor Lucas! Não tenho com quem conversar, contar meus problemas, falar que vi a Rosinha e ela nem me olhou. Que tristeza! Sinto vontade de chorar. Será que o senhor Lucas não me ajudaria a conquistá-la? E se eu fizer uma promessa? Prometer que irei rezar três terços para ele no cemitério. Mas ele não gostava de promessas, falava que era parecido com chantagem: faz isto que eu lhe faço aquilo. Vou carregar esses sacos, parece que estou escutando ele me dizer: "Vamos logo, Fernando, ajudo você. Nada de moleza!" Que saudades!*

— *Gostava deste jovem! Gosto dele! Sinto pena!* — exclamou Lucas, emocionado.

— *Pena, dó por si só, não resolve nada* — opinou Juliano.

— *Eu sei, mas o que fazer? Como posso ajudá-lo? Ele me pede para fazer a Rosinha gostar dele. Não sei fazer isso, aliás, não sei fazer nada. Sou um inútil!*

— *Quem não sabe pode aprender* — Juliano animou-o. — *Não se julgue inútil por este período de adaptação. Se você quiser, posso auxiliá-lo para que ajude Fernando. O que quer fazer?*

— *Rosinha trabalha numa loja aqui perto. Será que não seria uma boa ideia ir vê-la e conseguir saber o porquê de ela não querer o Fernando?*

— *Vamos lá, prefere ir andando ou volitando?* — perguntou Juliano.

— *Podemos andar? Não é complicado?*

— *Não é, observe que muitos desencarnados andam pelas ruas.*

Ele observou, espantou-se, riu, achou incrível. Desencarnados e encarnados se confundiam pela calçada.

— *Ai!* — gritou Lucas.

Um rapaz desencarnado atravessou na frente de uma moto. Lucas se assustou e, admirado, viu que não aconteceu nada com nenhum dos dois.

— *São matérias diferentes* — esclareceu Juliano. — *Observe bem a perua que Fernando dirige e que você tantas vezes usou como condução para se locomover de sua casa para o orfanato. Apalpe-a!*

Ele passou a mão no veículo, sentiu uma sensação estranha. No começo pareceu que tocava em algo sólido, como se estivesse encarnado, mas, de repente, sua mão atravessou a lataria e ele deu uma risada.

— *Interessante! Por isso que o jovem atravessou a moto!*

E fez, divertindo-se, algumas experiências, colocou a mão no saco de farinha, no banco do veículo.

— *Como isto é possível?* — quis ele saber.

— *Como já lhe disse: matérias diferentes!* — Juliano respondeu. — *Poderia lhe explicar detalhadamente, mas isto será assunto para futuros conhecimentos. O estudo sobre energia é vasto, os encarnados têm como estudar. Porém, no Plano Espiritual a abordagem é mais completa. Por agora é bom que saiba que a energia pode ser de diversas maneiras e que tudo é útil. Nós também usamos veículos que chamamos de "aeróbus". Somos os mesmos, mas vivendo muito diferente. Vamos ver Rosinha!*

Lucas tentou não esbarrar em ninguém, mas foi impossível, chegou até pedir desculpa a uma senhora pela trombada. Mas nenhum dos dois sentiu, nem ele e nem a senhora.

— *Prefiro volitar* — pediu.

Juliano segurou suas mãos e rapidamente estavam dentro de uma loja.

— *Esta é a Rosinha, a amada de Fernando!* — informou Lucas ao amigo.

— *Vou ver se consigo que ela pense nele para que você saiba o porquê de ela não querer namorá-lo.*

Juliano concentrou-se na jovem e lhe perguntou:

— *Rosinha, e Fernando, você o viu hoje?*

O médico desencarnado não precisava falar, bastava pensar, mas, como o amigo não conseguia ouvir pensamentos, disse alto, para ser ouvido. Rosinha estava distraída dobrando umas camisetas, parou por momentos, e a imagem de Fernando lhe veio à mente. Juliano tentou, porque todos nós temos livre-arbítrio e aceitamos ou não sugestões, sejam elas de encarnados ou desencarnados. E a moça, influenciada, pensou:

"Vi logo cedo o chato do Fernando. Será que ele não entende que não gosto dele?"

— *Por quê?* — perguntou Juliano.

"Não quero me envolver com ninguém que esteja em pior situação financeira do que eu. Não quero ter a vida de minha mãe, que tem que contar moedas para pagar as despesas de casa. Ela não se queixa, mas não quero isto para mim. Fernando trabalha no orfanato, ganha pouco e acha que está sendo útil para aquelas crianças! Vou namorar o dono da loja ao lado e, quando ele souber que namoro alguém, me esquecerá e..."

— *Já chega!* — pediu Lucas, entristecido. — *Fernando não merece isto! Meu amigo merece uma moça melhor!*

Juliano saiu com Lucas. Na calçada, esclareceu-o:

— *Não a julgue! Repeti o que a moça pensou, mas percebi muitos outros detalhes. Ela já sofreu bastante pela falta de bens materiais. Quando nós damos mais valor à matéria que ao espírito, estamos sempre apreensivos, inquietos, ou com receio de perder o que nos foi emprestado, ou querendo mais, ou, como ela, com medo de não ter dinheiro. Rosinha tem quatro irmãos e, numa época em que o pai ficou doente, passaram por muitas privações. Agora o pai aposentou-se, recebe pouco, mas os filhos cresceram e trabalham. A mãe, mulher corajosa, trabalhou muito para criá-los. Essa moça com certeza está fazendo a escolha errada. Fernando ganha pouco, sente muito prazer em trabalhar no orfanato, mas estuda, é um aluno aplicado e, pelo seu esforço, ele irá se tornar um bom profissional. E pelos amigos que conquistou, como eu, você, dona Isaura e outros, com certeza terá um bom emprego. Não conheço o outro moço, o escolhido de Rosinha, mas o que eu percebi é que ela enfrentará muitas dificuldades financeiras, terá um aprendizado ou reação.*

— *Quando entendemos e vemos as razões de cada ser humano, compreendemos que não devemos mesmo julgar ninguém. Estou envergonhado! Mas como ajudar meu amigo Fernando?*

— De fato, quando Fernando vir Rosinha namorando outro, sofrerá, mas tentará esquecer. Você se lembra daquela prova que ele fez para ter um estágio em outra cidade? Ele ganhou, logo receberá a notícia, ficará trinta dias fora. Receberá, se ela resolver mesmo namorar o outro, as duas notícias juntas. Essa viagem lhe fará muito bem, com certeza conhecerá outras pessoas, terá o tempo ocupado com estudo, mas também irá passear.

— E quem dirigirá a perua enquanto ele estiver fora? Fernando fará falta no orfanato.

— Você também está fazendo falta. Ainda bem! Seria muito triste eu lhe dizer que você não fez falta nenhuma e que seu desencarne trouxe alívio. Fernando já pensou nisso. Se passar, convidará um colega para ficar em seu lugar. Está previsto, e é o que ele quer, que nosso amigo ficará trabalhando no orfanato até se formar.

— Faço falta mesmo? E agora, quem ensinará as crianças? — perguntou.

— Vamos voltar à instituição — convidou o médico. — Você verá o que está acontecendo por lá.

Desceram ao pátio interno do orfanato.

— Estão planejando reformas! — exclamou contente.

— Faremos isto com o que deixou. O barracão está praticamente vendido e logo venderão as casas e aí teremos o dinheiro necessário para reformá-lo.

— Faremos? Você participará?

— Logicamente, se tratando de reforma material, Isaura comandará, mas eu trabalho aqui, e por achar que faço parte é que disse: teremos e faremos.

— Com certeza, fará mesmo! Vamos ver a oficina? — pediu.

A oficina, uma sala térrea, espaçosa, em que ele trabalhou por muitos anos, não estava fechada, alguns garotos estavam lá trabalhando. Juliano esclareceu:

— *Henrique, o seu aluno habilidoso, tem ensinado aos outros. Isaura contratou, infelizmente pagando um ordenado, um senhor para ensiná-los pela manhã, são somente três horas diárias, e duas senhoras voluntárias, duas vezes por semana, têm vindo à tarde para fazer molduras, pequenas peças e ensinar as crianças.*

— *De "insubstituíveis", o cemitério está cheio!* — exclamou Lucas.

— *Continuar do mesmo jeito é difícil* — Juliano sorriu —, *mas sempre se acerta de outro modo e o trabalho continua. Se tivéssemos mais voluntários...*

Um jovem desencarnado chamou por Juliano. O mentor espiritual do orfanato os apresentou:

— *Lucas, este é Rodrigo, um jovem que trabalha conosco. Rodrigo, você o conhece?*

— *Via-o todos os dias aqui. Seja bem-vindo ao Plano Espiritual.*

— *Obrigado!*

— *Lucas, aguarde-me aqui, vou a um local com Rodrigo e logo estarei de volta.*

Ele sorriu, concordando, sentou-se numa cadeira num canto e ficou olhando a sala, gostava dela. Ali, escutou muitas histórias reais de vidas, orientou os jovens e fez sorrir muitas crianças. Trabalhavam na madeira e em consertos elétricos. Recordou:

"Não deveria ter julgado Rosinha por querer melhorar de vida. Também já fiz isto. Eu sempre quis dar o melhor para Izilda, a minha Izildinha. Mesmo sem saber onde ela estava e se iria reencontrá-la, pensava esperançoso que, quando pudéssemos estar juntos, queria lhe dar conforto. Trabalhei muito, fiz cursos profissionalizantes, primeiro carpintaria, depois elétrica e me tornei perito. Empregado numa grande fábrica, entendia mais que os engenheiros, ganhava bem. Quando namorei Regiane,

ela adotara um filho nesse orfanato, conheci a instituição e comecei a ajudar com doações. O relacionamento com Regiane não deu certo, mas me senti envolvido por este lugar e me tornei um voluntário. Namorei muito, morei com Lourdes por dez meses, também acabou. Então, resolvi não me envolver com mais ninguém. Passei a vir mais aqui para não me sentir tão sozinho e tive a feliz ideia de ensinar a garotada para que tivessem uma profissão. Com meu dinheiro, comprei equipamentos e, para ter mais horas livres, fazia plantões aos finais de semana e feriados. Folgava durante a semana para vir ensiná-los. E fazia de tudo, todos os consertos no prédio, do encanamento à pintura. Consertava objetos elétricos e ensinava os jovens. A vizinhança pagava pelos serviços e a renda ficava para a instituição. Aposentei-me e passei a vir todos os dias, até aos domingos."

— *Fui muito feliz aqui!* — exclamou Lucas, emocionado. — *Agora entendo que realmente gostava do que fazia.*

Fernando entrou na sala, trouxe um liquidificador com defeito, avisou os jovens:

— É da dona Luiza. Será que saberão arrumá-lo?

— Vamos ver — respondeu Henrique.

— O senhor Lucas faz falta, não é? — perguntou Fernando.

— Faz muita — respondeu o jovem. — Sentimos falta até de suas broncas, dizia sempre: "Não deixem o chão sujo! Não o deixem molhado!" Ele era enérgico, mas nos ensinava, queria que aprendêssemos e tivéssemos, ao sair daqui, uma profissão. Somente agora o entendo.

— Gostava ou gosto muito do senhor Lucas — disse Fernando. — Eu levei um cravo no seu velório, o mais bonito que tinha na floricultura, e coloquei no seu paletó. Queria que o cravo durasse para sempre junto à minha gratidão. Se estudo e trabalho, devo a ele, que me incentivou. Tentem arrumar o liquidificador, virão buscar amanhã.

Henrique e Laércio, dois jovens habilidosos e que gostavam de fazer consertos, foram verificar o aparelho. Lucas olhou o cravo, o mesmo que Fernando lhe colocara na lapela. Estava fresco, como se tivesse sido colhido minutos antes.

Juliano retornou, e ele, curioso, perguntou:

— *Pelo calendário, hoje faz quinze dias que fui enterrado. O cravo! Ele não está murcho!*

— *Seu corpo físico, sua vestimenta carnal é a que foi enterrada. Você estava vestido com um terno parecido com o que está agora, o que usa no momento é de outra matéria, como já lhe expliquei. O terno da matéria está sujo e o cravo que Fernando lhe colocou na lapela, seco e desfolhado. Este que está com você foi plasmado com o amor da amizade e o desejo de Fernando o faz fresco e perfumado. Que agradável demonstração de carinho!*

Lucas sorriu contente. Com o sinal do amigo, os dois saíram da sala e foram para o pátio, as crianças brincavam.

— *Elas têm orado por mim, não é?* — perguntou. — *Sinto!*

— *Sim, vocês trocavam carinho e continuam trocando, são receptivos.*

— *Como somos "receptivos"?*

— *Você ama essas crianças* — explicou Juliano —, *sempre se preocupou com elas, quis, quer o melhor a esses pequenos e jovens. Ao desejar o bem deles, envia energias benéficas, e eles também fazem o mesmo quando oram, desejando que esteja bem. Se estivesse encarnado, diria que trocam mimos.*

— *Se eu não quisesse, não receberia a energia das orações deles?*

— *Para recebermos energias a nós enviadas, sejam boas ou más, temos que estar em sintonia.*

— *Ruins? Alguém envia energias más a outros e estes podem recebê-las?* — perguntou curioso.

— *Inveja é uma das imperfeições da alma... Querer, desejar o que o outro tem ou é, ser rancoroso, sentir ódio, querer que alguém morra, sofra, fique doente etc., é criar uma energia nociva que primeiro faz mal a si mesmo, depois é enviada e, se o alvo for receptivo, isto é: não orar, não fazer o bem, pode receber e até trocar energias por estar desejando as mesmas coisas. Você e as crianças trocam mimos; no outro caso, trocam-se farpas.*

— *Como se pode não ser receptivo? Uma pessoa pode não receber nada, nem de bom ou de ruim?*

— *Uma pessoa fechada em si mesma não recebe nada de bom nem de mau. Infelizmente, existem seres assim. O importante é ser bom, fazer o bem, ter bons pensamentos, preferir receber ingratidões, injustiças, maldades, do que cometê-las. Estar em sintonia somente com as energias benéficas.*

— *Isto não é difícil?* — Lucas quis saber.

— *Quando sentimos Deus em nós e no próximo, não é difícil, mas prazeroso. Se sinto Deus em mim, pergunto: que mal pode ocorrer onde Deus está? Por isso, as grandes almas não necessitam pedir perdão, porque não fazem nenhuma ação errada, nem perdoar, porque compreendem que nada de mal pode prejudicá-las, embora possa lhes causar dores. E que é preferível receber a cometer um ato indevido.*

— *Como estou longe de ser bom! Meus atos são tão insignificantes!* — lamentou.

— *Tudo de bom que fazemos, mesmo que pequenino, é grande quando realizado com amor. E não se lamente, faça do seu bem-estar, de sua alegria, coisas que dependem de você.*

— *Se eu quiser rezar para uma pessoa, a oração fará bem para mim?*

— *Sim* — respondeu o médico —, *orar é um ato, porque é algo que faço. É um ato bom? É, porque faz bem a mim, que oro. E se faço preces para alguém, ele, para receber, deve estar receptivo, e aí ambos receberão as energias salutares das orações.*

— *Acho estranho alguém não querer receber algo de bom* — comentou Lucas.

— *O que pode ser bom para uma pessoa pode não ser a outra. A oração nos conforta e tranquiliza e, neste estado de paz, achamos soluções para muitos dos nossos problemas. O que você sentiu quando recebeu as orações das crianças?*

— *Senti-me reconfortado, amado, o sentimento de autopiedade desapareceu e me animei.*

— *Isto mesmo* — concordou Juliano. — *Mas, se você quisesse continuar encarnado, que seus sobrinhos adoecessem, morressem, por eles terem criticado você, se sentisse revolta pelo seu corpo ter morrido, então as orações não teriam lhe dado o que sentiu. Sei que muitas pessoas oram pedindo para que o outro sofra, morra, acidente-se, proteção ao ladrão enquanto rouba, que o assassino possa matar sem que nada lhe aconteça etc.*

— *Como fica, se a oração faz bem?* — Lucas quis entender.

— *Acredito que quem ora desse modo acabará um dia por se harmonizar e entenderá que somente devemos desejar aos outros o bem. Pela oração, podemos unir nosso pensamento com Deus, aos bons espíritos, e nos abastecemos de paz.*

Os dois ficaram por instantes em silêncio, vendo as crianças.

— *Será que um dia os orfanatos irão acabar?* — perguntou curioso o aprendiz.

— *Sim, espero que acabem por falta de abrigados. Acredito que a maternidade e a paternidade serão assumidos com mais responsabilidade e, aí, não teremos mais abandonados. E, se os pais desencarnarem, que os filhos sejam adotados. Se temos* crianças e jovens aqui, não é por falta de lares, é pelo egoísmo que ainda nutrimos.

— Se diminuírem as crianças, o que farão com o prédio?

— Quando a reforma terminar — informou seu orientador —, Isaura está planejando abrir uma creche onde as crianças poderão ficar em segurança além do horário normal e até dormirem por dias.

— Irei sentir falta das crianças. Eu as amo! — exclamou Lucas, emocionado.

— Amar é muito bom, aproveite para expandir o sentimento do amor a todas as pessoas! — aconselhou o médico amigo.

CAPÍTULO 9

OBSESSÃO

Juliano deixou seu protegido no pátio para resolver um problema dentro do prédio. Ele ficou distraído olhando as crianças, quando viu Isaura pedir para Fernando ir buscar uma doação. Olhou para o amigo com carinho, desejou que ficasse bem e não sofresse tanto quando soubesse que Rosinha ia namorar outro.

"Eu, que já sofri por amor, sei o quanto padecemos quando não dá certo e temos que ficar longe de quem amamos."

Fernando saiu para a rua, Lucas acompanhou-o, parou no portão e ficou olhando o amigo, que entrou no veículo e foi rápido fazer o que lhe fora pedido. Então, ele viu algo que o apavorou.

Encostou-se na parede e ficou por instantes sem saber o que fazer. Quando se recuperou do susto, entrou correndo no prédio, chamando por Juliano.

— *Que aflição é esta? O que está acontecendo? O que viu?* — perguntou o médico, tranquilo.

— *Lá fora! Perto da esquina! Tem algo horrível!* — Lucas falou, afobado.

— *O que pode ser tão horrível para assustá-lo assim?*

— *Não acreditava em capeta, agora já não sei... Vi dois!*

Juliano foi andando compassadamente até o portão e Lucas acompanhou-o, ficando pertinho dele.

"Meu *amigo me protegerá!*", pensou.

— *Você está se referindo àqueles dois desencarnados?* — apontou Juliano para a esquina e, como seu protegido afirmou com um gesto de cabeça, explicou: — *São somente dois espíritos, como eu e você.*

— *Você tem certeza de que são como você e eu?!* — perguntou, admirado. — *São tão diferentes!*

— Somos *diferentes! Primeiro porque Deus não costuma fazer cópias. Depois, vestimo-nos como queremos, gostamos e podemos. E as aparências divergem, temos o nosso livre-arbítrio. Este corpo que usamos agora, o perispírito, pode ser modificável por quem sabe e, ao saber, pode modificar outros desencarnados, se estes permitirem. Você verá entre os encarnados muitos desencarnados como estes que lhe apavoraram, vagando e pelo umbral. Alguns se sentem poderosos quando causam medo, outros não sabem ou não querem ser de outro modo. Embora a beleza difira por gosto, já vi seres bonitos tanto encarnados quanto desencarnados que são maus.*

— *Estou lembrando que uma vez vi uma moça linda, porém, quando me aproximei dela e a observei, sua beleza tornou-se estranha, era bonita sem ser bela...*

— *Deveria estar desarmonizada* — concluiu o médico.

— *Será que ela era má?* — perguntou Lucas curioso.

— *Para responder com segurança, precisaria observá-la, pode ser que fosse bonita, mas não fosse boa pessoa, vibrasse mal. Quando vemos um indivíduo assim, a sensação que temos é que falta algo, ou até nos sentimos repelidos, por não termos afinidades.*

— *Eu os acho feios!* — apontou para os dois.

— *Existem desencarnados imprudentes, impiedosos, que têm aspecto estranho, e nós podemos achá-los feios. Há também os que têm aparências bonitas, mas falta-lhes algo, a harmonia. Somente espíritos harmoniosos, sejam eles de aspectos feios ou bonitos, são agradáveis, suaves e, após serem observados, são maravilhosos. Porém, desencarnados maus, por afinidade, acham outros iguais bonitos.*

— *Quem ama o feio bonito lhe parece, é isto que quer dizer?*

— *É muito mais profundo* — esclareceu Juliano. — *A harmonia que um espírito bom tem é algo interno, não se explica pelo externo. É algo dele que ninguém lhe tira, porque é sua conquista. O externo é passageiro. Se estiver encarnado, o tempo modifica, a doença corrói; se estiver na espiritualidade, não tem como esconder, vemos como ele é, desarmonizado.*

— *O que aqueles dois espíritos desarmonizados estão fazendo ali?*

Juliano riu e explicou ao pupilo:

— *De fato, eles estão desarmonizados. Estamos olhando o aspecto deles. Não se admire!* — pediu Juliano. — *Explico: o perispírito é a vestimenta do espírito. Acho que aqueles dois estão assim porque lhes agrada, para amedrontar, por sentirem mágoa e ódio. Esses dois sentimentos fazem, com o tempo, as* pessoas que os sentem se desequilibrarem. O perispírito, que é sensível, demonstra o que o espírito sente ou é.

— Não devo julgar, não é? Talvez eu já tenha sido assim.

— Não devemos julgar ninguém. Estes dois são filhos de Deus como você e eu. Deus está dentro deles, como em nós. A diferença é que o recipiente limpo de impureza das maldades reflete mais a Divindade.

— Por que eles estão ali? — quis o aprendiz, curioso, saber.
— Parece que esperam alguém, olham muito para o orfanato e escutei-os chamarem por Raimunda. Mas não temos ninguém com este nome aqui.

— Já os vi aqui e conversei com eles, estão endurecidos e não querem mudar. Uma de nossas internas se chamava assim em sua outra existência, na sua encarnação anterior. Os três erraram muito e os dois sentem ódio dela, que agora chama-se Letícia, e querem se vingar.

— Coitada, nessa existência é órfã, mora aqui desde que nasceu, não foi adotada.

— Ela é órfã de mãe, seu pai que não quer doá-la. Seu genitor não é boa pessoa e nem a ama, pensa em tirá-la daqui adolescente e, de alguma forma, ganhar dinheiro com ela.

— Meu Deus! Isto será possível? — Lucas perguntou, admirado.

— Quando fazemos o mal, plantamos ervas daninhas e a colheita é complicada. O pai dela está pensando assim agora, mas poderá mudar. Por estes dois desencarnados, a antiga Raimunda sofrerá muito. Porém, o tempo passa, e eles poderão pensar diferente. Eles não entram no prédio, às vezes chamam-na, mas ela não os atende. Hoje estão aqui porque o pai dela com certeza ficou de visitá-la. Os dois tentam induzi-lo a tirá-la daqui, mas o juiz não autorizou porque o genitor da menina não tem endereço fixo e nem trabalho. Também não conseguirá tirá-la na adolescência, somente poderá fazê-lo quando ela completar dezoito anos. Até lá, muitas coisas poderão se modificar.

— Por que eles não entram no prédio?

— Locais onde se faz a leitura do Evangelho, em que residem pessoas bondosas que têm bons pensamentos, oram, cria-se uma energia benéfica que os repele. E nós, os desencarnados que trabalhamos aqui, cercamos o prédio, e ninguém mal-intencionado consegue entrar, mas, se conseguisse, não se sentiria bem.

— Esses dois são obsessores? — perguntou Lucas.

— Estão pretendendo ser. Nem todos que querem obsediar conseguem.

— Pensei que conseguiriam...

— Todos nós temos o livre-arbítrio, que nos foi dado por Deus. Existem desencarnados que querem ser obsessores por vários motivos, mas precisam que o alvo deles permita, que alguém se afine para ser obsediado — explicou o médico.

— Existe obsessão sem motivo? — indagou o aprendiz.

— Acredito que sem motivo é difícil, embora nenhuma obsessão seja justificável. E desculpas para essas perseguições são muitas. Para o ser que compreende o significado do perdão, não existe razão para obsediar. De fato, não existe mesmo. Porque os atos pertencem a quem os pratica. Se você recebe algo que julgou mal e quer revidar, vingar-se, está fazendo um outro ato mau. Quem não perdoa caminha em círculos, não sai do lugar e não se livra do sofrimento.

— O que é obsessão?

— É a ação — respondeu Juliano — continuada, persistente que um espírito exerce sobre alguém, importunando-o, atormentando-o. É o domínio que se quer ter sobre o outro, submetê-lo à sua vontade, forçando-o a agir como quer.

— *A antiga Raimunda fez algo terrível a eles?* — perguntou Lucas, curioso.

— *Cuidado com a curiosidade e o julgamento. Eu não sei, somente procuraria saber se precisasse, para ajudar. Não quero julgá-la e nem a eles.*

— *Se eles perdoassem, não estariam melhores?*

— *No seu ponto de vista e no meu, estariam. Mas cada ser é diferente. Existem pessoas que não necessitam perdoar porque nunca, por mais maldades que lhes façam, sentem-se ofendidas. Outros se ofendem, mas perdoam, e outros querem se vingar até de uma simples ofensa. É muito ruim quando deixamos de fazer a nós para viver em função do outro, para castigá-lo.*

— *Eles estão inquietos* — observou Lucas.

— *Acho que a visita não veio.*

— *Eles desistirão?*

— *Não sei* — respondeu o médico. — *Espero de coração que sim. Porém, sei de pessoas que esperam até séculos para se vingar.*

— *Que triste!* — exclamou Lucas.

— *Sim, praticar maldades é sempre muito triste. Espero que esses dois espíritos não consigam obsediar a antiga Raimunda, pois nesta encarnação ela aprendeu a orar, tem lido bons livros, é obediente e já sofreu por ser órfã. Espero que ela não aceite as sugestões deles para fazer nenhuma maldade.*

— *Uma vez ouvi que obsessor e obsediado são doentes.*

— *Creio que é pelo fato* — Juliano explicou — *de o espírito estar desarmonizado que dizem estar enfermo. O obsediado deve pedir perdão a quem ofendeu, a Deus e perdoar a si mesmo, mudar sua conduta, fazer o bem, ter bons pensamentos e ajudar o próximo. O obsessor que não perdoou, com seu alvo agindo da maneira que citei, acabará por perdoar, mas, se ainda endurecido não quiser desculpá-lo, não conseguirá atingi-lo, por vibrarem diferente.* Se o *encarnado for pedir ajuda num centro espírita, os dois, assistindo a palestras, ouvindo conselhos, convidados a estudar e se modificar, quase sempre conseguem a reconciliação.*

— *Eu nunca vou ser obsessor de ninguém!* — determinou Lucas.

— *Ainda bem! Eu também não! Acho que aprendi a perdoar. Você, não querendo ser obsessor, perdoando e aprendendo a amar, também não será obsediado.*

— *Vamos lá conversar com eles. Talvez, se você disser a eles o que me falou, eles mudem de opinião.*

— *Já lhe disse que conversei com eles* — respondeu Juliano —, *em resposta, os dois riram e me criticaram. Outros companheiros desencarnados também já o fizeram. Hoje não posso, tenho muito que fazer. Uma conversa com eles é importante, mas, quando temos muito que fazer, a escolha deve ser o mais importante.*

— *Eu não vou, tenho medo deles e nem sei o que falar* — decidiu Lucas.

— *Para um trabalho assim, uma conversa com obsessores, não se pode sentir medo. Porque eles com certeza irão ameaçar, ironizar e tentar deixá-lo apavorado. Para um trabalho ser bem-feito, temos que saber fazer. Lembro-o de que estes dois têm livre-arbítrio, certos ou não, estão fazendo o que querem.*

— *Será que um dia serei capaz de poder fazer isto? Conversar com eles?* — perguntou o aprendiz.

— *Sim, acredito que, depois de estudar, conhecer, terá condições de fazê-lo, e eles poderão escutá-lo ou não. Não se entristeça com essas situações e aprenda: nunca, em momento algum, devemos fazer o mal, porque o primeiro prejudicado é decididamente quem o faz. A antiga Raimunda, hoje uma das*

abrigadas no orfanato, certamente não pensou nas consequên-
cias quando fez maldades e que, mesmo passando os anos,
pudesse ter os que não a perdoaram à espreita, para revidar.

— Eu queria orar por eles.

— Pois faça — aconselhou o médico —, deseje com sinceri-
dade que eles sejam felizes. Porque quem é feliz não deseja in-
felicitar ninguém. Tenho algo muito importante para fazer, vou
entrar, e você me aguarde no pátio, as crianças irão cantar.

Lucas olhou mais uma vez para os dois desencarnados que achara feios e agora tentou vê-los como seres necessitados de entendimento e auxílio. Orou por eles. Os dois conversaram e decidiram ir embora. Como seu protetor entrou no prédio, ele não quis ficar no portão sozinho e entrou também.

CAPÍTULO 10

AÇÃO E REAÇÃO

No pátio, as crianças cantavam, estavam de férias. Enquanto para muitas crianças as férias eram um período esperado, de que gostavam, no orfanato era quase sinônimo de não saírem. Um grupo de voluntários organizava alguns passeios, normalmente duas a três vezes por férias. Às vezes, vinham visitá-los grupos que cantavam, dançavam e organizavam brincadeiras. Ah! Se os voluntários soubessem como aquelas poucas horas eram importantes para aquelas crianças, acho que disporiam de mais tempo para se dedicar a elas.

Lucas olhou para Mariana, uma garotinha de oito anos que cantava alto e que, inquieta, puxou os cabelos da coleguinha da frente, que a olhou com cara feia e mudou de lugar. Ninguém gostava de ficar perto dela. Mariana tinha melhorado muito com o tratamento voluntário de uma psicóloga.

Lucas lembrava bem de quando Mariana, com três anos, veio para o orfanato. Viera do hospital onde ficara trinta e cinco dias internada. Estava com a perna esquerda engessada, tinha cicatrizes recentes e outras mais antigas. A mãe, alcoólatra e toxicômana, com o namorado, batia muito nela. Um vizinho denunciou e a polícia a levou, muito machucada, ao hospital. Nunca recebera visitas. Isaura batalhou e conseguiu que um médico fizesse duas cirurgias plásticas no seu rostinho e tirou duas cicatrizes grandes do seu braço direito. Mariana tinha dificuldades para aprender, somente fazia rabiscos. O médico afirmou que ela deveria ter nascido normal, que a deficiência deveria ter sido por não ter se alimentado direito quando bebê e pelos maus-tratos. Isaura acertara com uma professora, também voluntária, que lhe daria aulas de reforço assim que as aulas começassem.

Mariana cantava alto, gostava de música.

— *Olhando as crianças?* — perguntou Juliano, aproximando-se.

— *Sempre gostei de vê-las* — respondeu Lucas. — *É agradável escutá-las. Sinto pena delas por serem órfãs.*

— *Ser órfão é difícil* — elucidou o médico. — *Um aprendizado de sofrimento. É tão bom ter um lar, pais que nos amam e protegem, principalmente na infância. Gosto de ler* O Evangelho segundo o Espiritismo, *capítulo 13, "Que nossa mão esquerda não saiba o que faz nossa mão direita", a parte que fala sofre os órfãos. Leio tanto que o sei de cor.*

— *Li todo o livro que citou, mas não me lembro desta parte, vou relê-lo.*

— Em todas as obras de Kardec, certos textos dizem algo a mais para uns que a outros. Isto é muito bom! A *diversidade de assuntos abordados auxilia, esclarece a todos.*

— *Observava Mariana* — comentou Lucas —, *foi por causa dela que aceitei de vez o Espiritismo. Ao saber o que ocorreu com essa menina, comecei a me indagar: 'Onde estava Deus que não viu dois adultos irresponsáveis, e um deles a própria mãe, fazer isto com a menina? Por que as diferenças? Na mesma ocasião em que Mariana veio para cá, a filhinha de uma das minhas sobrinhas-netas, que é muito bem cuidada, amada, caiu de um brinquedo, fez um corte na testa e teve que dar dois pontos. A mãe, o pai, os avós, os tios choraram de dó. E aí me perguntei de novo: "Onde está Deus que vê um simples corte e não viu os maus-tratos de Mariana? Por que esta diferença? Por que há crianças sadias e outras doentes?" Sofri com estes pensamentos. Atormentei-me. Senti-me aliviado quando compreendi a reencarnação. Somos heranças de nós mesmos!*

— *Reencarnação* — opinou Juliano —, *pela infinita bondade, justiça do Nosso Pai, de Deus, é a nossa volta, do nosso espírito, à vida no Plano Físico, em outro corpo carnal, que nada tem em comum com o antigo. Temos muitas existências sucessivas. Mas temos leis que equilibram o universo e, consequentemente, o nosso planeta, e uma delas é a lei da causa e efeito, ação e reação. Ação é o que fazemos pela nossa inteligência, por nossa vontade, e que tem o contrapeso da reação, para restabelecer equilíbrio das forças que nos regem. Reação é como um movimento que teve motivo, teve a ação que a causou.*

— *Se essa lei, ação e reação, fosse importante, Jesus não a teria nos ensinado? Já pensei muito sobre isso, aceito-a como justa. Mas já me indaguei muitas vezes: por que Jesus não a mencionou?*

— *Ora* — replicou Juliano —, *Jesus ensinou sim! No Sermão da Montanha,[1] está lá: "Não julgueis e não sereis julgados. Não condeneis e não sereis condenados. Com a mesma medida com que medires, vos medirão". E, em várias passagens citadas nos quatro Evangelhos, o Mestre recomenda: perdoe para ser perdoado. Deixou claro que, se não quero que algo ruim aconteça a mim, não farei aos outros. Se não quer receber um mal, não seja autor de um ato que cause dor a outro. Estes dizeres, esses ensinamentos, não é o que chamamos de ação e reação? Se não perdoo, não sou perdoado, como ajo é como recebo. Pense bem em cada ensinamento que citei, dito por Jesus, e entenderá que: fazer o mal ao próximo é fazer para si. Toda ação errada causa desequilíbrio, e a maioria das vezes é o sofrimento que reequilibra. É impossível alguém ser cruel sem fazer mal a si mesmo. O erro é atitude negativa que atrai outra coisa negativa: a dor. Também, se ajo bem, sou benevolente, a atitude positiva atrai contentamento.*

— *Pensava que somente atos ruins tivessem reações* — comentou Lucas.

Os dois riram. Juliano explicou:

— *Claro que não! Recebemos muito das boas ações, parte delas tem efeito quase imediato. Quando fazemos o bem, sentimo-nos contentes, mas não é somente essa reação do contentamento que recebemos, que certamente será em proporção do bem realizado. Ao comparar as duas situações, da filhinha de sua sobrinha-neta com Mariana, podemos estar diante de duas reações opostas. A menininha de sua família foi esperada com amor, cuidada com carinho e mimos, creio que fez por merecer. O bem que fazemos é obra nossa. Se amo, recebo amor. Resumindo:*

---

1 N.A.E.: Mt 5:1 a 48; 6:1 a 34; e 7:1 a 29.

ser mau é trazer para si a infelicidade, ser bom é ser feliz. Ação e reação, é a lei do equilíbrio.

— Sempre tive pena de Mariana, mas será que se souber o que ela fez no passado continuarei a sentir dó? — perguntou Lucas.

— Lucas, acabei de lhe lembrar que no Sermão da Montanha Jesus disse: "não julguei para não seres julgado". O que nós já fizemos no passado? Eu, nesta minha última encarnação, cuidei do orfanato, mas no passado, em uma das minhas existências, assassinei dois adolescentes por motivos fúteis. Consegui me perdoar quando salvei a vida, pelo meu estudo e dedicação, de muitas crianças. Está admirado?

— É que nunca o veria como assassino! — exclamou Lucas.

— Somos livres para fazermos o que quisermos, temos o livre-arbítrio, que não é atributo do encarnado, é do espírito. Eu estou aprendendo, como tantos outros, a fazer o bem. Aqueles dois lá fora, que vimos há pouco, continuam errando, fazendo maus atos. Sendo assim, o livre-arbítrio é dom do espírito. É o espírito que, tanto encarnado quanto desencarnado, faz o que quer. Aqui, na espiritualidade, podemos continuar com a plantação boa, ou não, e acumular atos ruins. A reação é inevitável, como a colheita é obrigatória. E não se resgatam erros que são feitos num plano somente. Pode-se errar no Plano Físico e resgatar no Espiritual, fazer ações indevidas aqui na erraticidade e repará-las encarnado. Porque existem os que sofrem sem o corpo carnal, outros continuam errando, mas muitos progridem e aprendem.

— Será que Mariana já resgatou todos seus atos errados? — Lucas perguntou curioso.

— Mariana e aquela que lhe serviu de mãe tiveram muitas desavenças no passado e, com certeza, a que foi mãe não lhe perdoou. Essa mulher fez ações ruins e não terá justificativas ao tentar se desculpar, dizendo que agiu assim por desforra e vingança. Ela teve oportunidade de se reconciliar e aprender a amar. Mariana não teve como provar que perdoou, a convivência se deu quando era muito pequena, mas seu espírito tentou se acertar ao vir a ser sua filha. Mariana, infelizmente, ainda tem reações negativas a vencer.

— O orfanato é um local apropriado para meditar sobre este assunto. A maioria destas crianças é triste e infeliz. Robertinha foi queimada. Lembro bem o dia em que ela, peralta, puxou a panela com sopa quente. Pobrezinha, sofreu tanto! Já fez cirurgias e fará outras. Será que ela já queimou pessoas em outras existências?

— O importante — elucidou o médico — é não julgar, mas ajudar. Em dúvida, coloque-se no lugar do outro. Se você fosse Robertinha, o que gostaria que lhe fizessem, como iria querer que lhe tratassem? Então, faça a ela o que iria querer para você.

— E Pedrinho, por que será que ele anda com dificuldades? — perguntou Lucas.

— Por favor! Você tem mesmo que se conter! Será que não lhe serviram de lição os comentários que ouviu sobre você quando encontraram seu corpo desfalecido e no seu velório? Que se suicidou, que usava cravos na lapela por vários motivos e que... Você ficou aborrecido. Agora, irá querer saber o porquê de cada criança estar aqui? Conhecer, entender as leis da reencarnação e de causa e efeito é compreender a Deus. E a resposta para onde Ele está é: dentro de nós, em toda a parte que o Pai não nos castiga e nem recompensa, somos nós que fazemos por merecer alegrias ou sofrimentos. Porém, não esqueça que o nosso planeta Terra é um mundo de provas e expiações, e que provas vêm em primeiro lugar. Allan Kardec, em seus livros, explica muito bem este tema, e aconselho-o a estudar melhor as obras do codificador, para entender bem este assunto. Posso afirmar que perdoo. Em teoria, não existe nada que me façam, injúrias, ofensas, maldades, que não perdoe. Mas e na prática? Se quero provar a mim mesmo, devo então sofrer ofensas, dores e perdoar. Se o fizer, aí realmente aprendi. Pedrinho não é deficiente por reação, é por escolha. Esse espírito quis ser abandonado e provar a si mesmo que, quando adulto, encontrará seus pais, irá perdoá-los, cuidar deles e ensinar estes dois espíritos a fazer o bem. Quer provar a si mesmo que a deficiência não será empecilho para fazer o bem. Você já reparou bem em Pedro?

— Acho que reparava mais nos que dão trabalho e, de fato, Pedrinho não se encontra nesta lista.

— Devemos aprender — continuou Juliano, esclarecendo — a prestar mais atenção nas atitudes boas das pessoas. Pedro é amigo de todos. Se alguém sente medo, ele, embora com sono, faz companhia; ele consola; reparte brinquedos e doces; é alegre; ensina as tarefas aos menores.

— Com certeza, ele irá conseguir fazer o que planejou. Já consegue! — exclamou Lucas.

— Um exemplo muito interessante temos na Bíblia, no Antigo Testamento. A história de um rico fazendeiro da Terra de Hus chamado Jó.[2] Ele foi testado, perdeu tudo, riquezas materiais, filhos, saúde e sempre respondia com total sinceridade aos infortúnios: "Deus o deu, Deus o tirou, seja bendito o nome de Deus." Não sofreu porque errou, não foi por ações indevidas. Foi testado e, com êxito, provou a si mesmo que não perdia a fé e, com seus sofrimentos, a teve aumentada. Aprendeu amar ainda mais a Deus. E o Criador restituiu tudo novamente a Jó,

---

2 N.A.E.: A história de Jó, ou Job, é narrada na Bíblia, no Antigo Testamento — Os Livros Sapienciais, Livro de Jó.

que se tornou mais espiritualizado, mostrou realmente que era digno, que aprendera na teoria, e comprovara na prática.

— É por isso que falam, quando uma pessoa é resignada, que tem a paciência de Jó?

— É sim — respondeu Juliano. — Erramos em julgar que alguém sofre por ter feito maldades e às vezes deduzimos: sofre isto porque fez aquilo, está pagando! Sabemos que não é assim, existem muitos espíritos que, por sua vontade, provam a si mesmos. E felizes os que foram aprovados, evoluíram e se tornaram mais espiritualizados. Provas são, muitas vezes, testes de resistência para que a pessoa boa se torne melhor. As provas nos desenvolvem a inteligência, a paciência e nos fazem ser resignados.

— Errar, fazer maldades, parece ser, para muitos espíritos, fácil. Vemos pelos noticiários crimes horríveis. Quando escutava essas notícias, orava para as vítimas, depois passei a orar também pelos agressores.

— Faz bem, e espero que continue assim, o agressor de hoje poderá ser a vítima de amanhã. Porque as leis que regem o Universo e o nosso planeta são infalíveis, e agora estou me referindo à lei da atração, do retorno das ações. Somente um amor muito grande, desinteressado, solidificado em obras edificantes, barra ou anula a reação negativa. Pedro, o apóstolo, afirmou: "O amor cobre multidões de pecados." O amor tenta ensinar a ser bom, a fazer o bem. Se recusado, porque o amor é suave, não força e não se importa com a recusa, deixa a dor em seu lugar. E a dor não cansa, é perseverante, sábia, não abandona, até que se compreenda a necessidade de ser bom. Concluindo: quem não aprende e não progride com o amor aprende com a dor.

Lucas estava compenetrado nas lições que ouvia, silenciou por um instante, tentando gravar em sua mente esses preciosos ensinamentos. Olhou para seu protetor, agradecido, e exclamou:

— *Quanto mais aprendo, mais compreendo a Deus e entendo Suas leis!*

Juliano sorriu e Lucas pensou que o sorriso do amigo era o de um ser feliz, de um espírito satisfeito consigo mesmo, transmitia a tranquilidade que sentia. Determinou que seria um dia como ele, aproveitaria a oportunidade que estava tendo, desfrutando de sua presença e aprendendo com seu exemplo.

— *Vou agora deixá-lo no posto de socorro* — falou o médico. — *Tenho algo para fazer e você precisa descansar. Mas amanhã ficarei mais tempo com você.*

CAPÍTULO 11

NO POSTO DE SOCORRO

— *Pronto, chegamos. Por favor, não saia daqui* — recomendou Juliano. — *Se sentir vontade de ir a algum lugar, me espere, conversaremos e, se possível, o levarei.*

— *Devo ir para o quarto? Que poderei fazer aqui?* — perguntou Lucas.

— *Se quiser ir para o dormitório que lhe foi destinado enquanto durar sua hospedagem, fique à vontade. Aqui tem muitas coisas que você poderá fazer. Temos uma biblioteca onde se podem pegar livros para ler, poderá também visitar o posto e conversar com os abrigados e, se conseguir, dialogar com algum trabalhador. Digo se conseguir porque os que trabalham* aqui são muito ocupados, eles têm muito que fazer. Em todos os locais de auxílio, recordo dos rogos de Jesus: "Pai, mande trabalhadores para sua messe!" Há muito que fazer e poucos para executar. Muitos querendo ser servidos e poucos para servir. Até amanhã!

— Obrigado, amigo. Até amanhã!

Lucas foi ao quarto que lhe fora reservado, sentou-se na poltrona por minutos, observou-o, o dormitório era pequeno, mas agradável, levantou-se e deu alguns passos.

"Que será que faço? Não estou com sono!", pensou.

Resolveu então acatar a sugestão do amigo, foi conhecer o posto. Dirigiu-se à ala que havia conhecido. Entrou no refeitório, a sala de refeições era grande, havia cinco mesas com quatro cadeiras em cada uma. Uma senhora estava limpando-a e, assim que notou sua presença, cumprimentou-o sorridente e perguntou:

— Deseja algo? O horário do almoço terminou, mas posso oferecer um caldo ou suco.

— Obrigado. Tomo um suco. Mas não quero incomodar, estou conhecendo o posto. Posso, não é? A senhora trabalha aqui?

— Chamo-me Rita, ainda estou em tratamento. Morrer, ou seja, desencarnar, foi para mim um grande trauma. Achava que não era hora para mudar de plano. Entende?

Como ficou sem saber se tinha entendido ou não e não sabia o que responder, ficou calado, olhando-a. Ela continuou falando:

— Não queria morrer, tinha muito medo, sabia que cometera alguns pecados e estava com vergonha de me encontrar com Deus. A desencarnação não foi como pensava, vaguei, sofri, até que vim, acompanhando uma vizinha, ao centro espírita, esta casa que os encarnados frequentam, abaixo do posto. Nesta reunião me explicaram que estava vivendo com um corpo diferente, o perispírito, que deveria aproveitar para ser útil. Fiquei *chocada, morri e nem sabia, mas ao mesmo tempo senti-me aliviada por não ver Deus e não ser julgada. Depois entendi que Deus não é uma pessoa, eu ainda não consigo compreendê-Lo, mas já sei que Deus não é como nós. Ele não castiga nem dá prêmios, somos nós que nos desequilibramos com os pecados e necessitamos equilibrar-nos. Sinto remorso de ter cometido erros, mas estou aprendendo que arrepender-se é o primeiro passo, que a reparação é necessária e aprendo para melhorar. Recebi muita ajuda e pedi para aprender a servir.*

— *Pelo suco delicioso que a senhora fez, deduzo que foi ótima cozinheira* — elogiou.

Rita não parara para conversar. Enquanto falava, fez o suco; depois, continuou a limpar. Sorriu ao escutar o elogio e respondeu:

— *Nada disto! Sempre gostei de música, fui uma excelente pianista e tocava também vários instrumentos, fui professora de música e passava longe da cozinha. Todas as tardes e algumas noites eu toco piano ou outro instrumento para alegrar com a música nossos abrigados. Também tenho alunos, ensino a eles como tocar os instrumentos musicais que sei. Mas minha tarefa é limpar o refeitório, alimentar alguns desencarnados que ainda se sentem enfermos e ajudar na cozinha.*

Lucas estava admirado, Rita sorriu e perguntou:

— *Por que se admira? Estas tarefas estão sendo um excelente remédio para meu orgulho. Costumo dizer que a medicação está sendo em gotinhas diárias. Não quero mais ser orgulhosa. Pelo meu orgulho sofri muito, não querendo ser tratada como a maioria dos abrigados. Por não querer ficar numa enfermaria, vaguei por anos, e isto para mim foi o suficiente. A conversa está boa, mas necessito levar esses sucos ao quarto número sete.*

— *Posso ir com você?* — indagou Lucas.

— *Pode.*

— *Poderei ajudá-la, levarei a bandeja.*

— *Leve esta que eu levo aquela. É por aqui!* — mostrou Rita, indo à frente.

Subiram dois lances de escadas e ela informou:

— *Vamos a um quarto coletivo masculino.*

Rita abriu uma porta, Lucas olhou: primeiro, horrorizou-se; depois, apiedou-se. Viu doze leitos, todos ocupados e, neles, desencarnados enfermos. Uma senhora os limpava.

— *Maura* — informou Rita —, *este é Lucas, ficará somente por uns dias aqui. Veio me ajudar com as bandejas. Como estão eles hoje?*

— *Boa tarde, Lucas* — cumprimentou Maura e respondeu a Rita: — *Somente o do leito três melhorou. Ontem nossos trabalhadores socorristas fizeram um socorro no umbral e trouxeram doze necessitados, cinco do sexo masculino e sete mulheres. Ainda não sabemos seus nomes. Estou higienizando-os.*

Rita começou a dar sucos a eles. Levantava a cabeça com delicadeza, acalmava-os, falando com carinho. Às vezes, cantava, sua voz era afinada e muito bonita. Lucas sentiu vontade de auxiliar, e as duas, que perceberam, pediram:

— *Lucas, por favor, segure-o assim, este senhor tomará melhor o suco com a cabeça erguida.*

— *Pegue aquela toalha para mim.*

— *Nossa! Quanto trabalho!* — exclamou o aprendiz.

Depois de duas horas, todos os doze estavam limpos e tomaram o suco. Lucas algumas vezes sentiu nojo, em outras, apiedou-se muito, mas, à medida que ajudava as duas a cuidarem dos acamados, sentia-se melhor.

— *Acabamos* — anunciou Rita —, *obrigada, Lucas, pela ajuda. Agora devo voltar à cozinha e Maura irá para um outro quarto.*

— *Por que esses desencarnados estão nesta situação?* — perguntou ele.

— *Cada um tem sua história* — explicou Maura. — *As causas são muitas para receberem, ao desencarnar, as reações assim. Normalmente, foram imprudentes. Alguns que estão aqui primeiro vagaram entre os encarnados, perto de afetos; e outros, de seus desafetos, se perturbando muito. Foram para o umbral certamente por diversos motivos, uns foram levados por maldosos, outros foram sem saber onde estavam, alguns receberam punições, vinganças daqueles que prejudicaram e não os perdoaram.*

— *Melhorarão?* — curioso, Lucas quis saber.

— *Acredito que sim. Aqui o ambiente é saudável e estão recebendo auxílio. Quando estiverem melhores, poderão ser levados aos trabalhos de orações e orientação que os encarnados fazem.*

— *Gostei de estar com vocês duas. Senti nojo de alguns, porém a pena foi maior.*

— *Não se sinta envergonhado por ter sentido nojo* — esclareceu Maura. — *Realmente não devemos sentir isso de um ser. Você sentiu, mas se conteve e, nas próximas vezes, ou se voltar a fazer esta ajuda, com certeza não sentirá mais. Por isso temos muitas tarefas na casa, pela diversidade de aptidões e talentos, podemos escolher o que fazer. Muito serviço e poucos aptos a trabalhar. Quando escolhi fazer esse trabalho, também senti nojo, mas aí pensei: E se fosse eu a estar assim? E se fosse alguém que amo? Então determinei que precisava amar esses necessitados e que eles são filhos de Deus tanto quanto eu. Repetia e ainda repito sempre que os vejo: eu os amo! E nunca mais senti nojo e nem curiosidade de saber o que eles fizeram para estarem nesse estado. Piedade sem ação é nula!*

Os três saíram do quarto, Maura entrou em outro e ele seguiu Rita até a cozinha ao lado do refeitório. Tomou um suco oferecido.

— É o mesmo que deram a eles? — perguntou Lucas.

— Não, aquele é mais um remédio fortificante. Vou descansar um pouco para depois voltar a trabalhar. Eu ainda me canso. O senhor Silvano e Maura trabalham as vinte e quatro horas do dia e não se cansam, param raramente.

— Que maravilha! Você irá descansar, e eu, o que faço?

— Suba na varanda, lá encontrará pessoas para conversar. Você se distrairá e aprenderá muito, com certeza — respondeu Rita.

Lucas agradeceu. Desta vez, lavou seu copo e subiu a escada, da varanda viu a rua do Plano Físico e o prédio. Curioso, ele observou tudo. A rua era tranquila comparada com as centrais, alguns carros passavam, e os pedestres, distraídos ou apressados, iam e vinham. A construção dos encarnados era um sobrado pintado recentemente de amarelo-claro e, naquele horário, estava fechada. Vendo-o distraído, um senhor o cumprimentou e explicou:

— Lugares abençoados são onde pessoas se reúnem para orar. Nesse centro espírita tem muitas atividades. Os encarnados se reúnem todas as noites, três vezes por semana à tarde e duas vezes pela manhã. Estudam e auxiliam muitas pessoas, principalmente nós, os desencarnados. Quando eu estava vestido com o corpo físico, sentia muito medo dos mortos. Agora acho graça dos temores que sentia, porque estou morto, isto é, desencarnado. Também sentia medo de centros espíritas, agora frequento um. A algumas atividades no centro, nós, os abrigados do posto, podemos ir e escutá-los. É muito interessante quando eles se reúnem para estudar, aprendemos muito. Quando o grupo encarnado vai embora, o senhor Silvano, o orientador da casa, tira nossas dúvidas, é muito proveitoso. Por isso sei que sou desencarnado. Você sabia?

— *Li alguns livros espíritas e sei* — respondeu Lucas.

— *É bem melhor sermos desencarnados do que mortos, ou alma do outro mundo, defunto etc. Hoje à noite teremos palestra, gosto muito do orador que irá dissertar. Depois, os encarnados receberão o passe. Eu vou. Se você quiser ir, peça autorização ao senhor Silvano. Você conhece o prédio?* — Lucas negou com um gesto de cabeça e o senhor continuou a falar: — *Não? O prédio que os encarnados usam é assim: uma sala de recepção; à esquerda estão dois banheiros; após a salinha de entrada está o salão onde as pessoas são acomodadas para assistirem às palestras. No andar de cima estão a biblioteca, a sala de reunião, a de atendimento fraterno e a cozinha. Nosso prédio se une ao deles por uma escada, da recepção deles à nossa. Nas duas construções tudo é organizado e limpo.*

— *Faz tempo que está aqui?* — indagou Lucas.

— *Dois meses somente, mas faz cinco anos que meu corpo físico morreu. Desencarnei e, inconformado, fiquei vagando, vigiando o que julgava ser meu, porque adquiri o que julgava ser meu pelo meu trabalho. Fui apegado a meus bens e, infelizmente, continuei sendo, pensando que tudo continuava sendo meu, casa, objetos e dinheiro. Fiquei a vigiá-los e sofri muito vendo outras pessoas, meus familiares, filhos, tomarem posse.*

Lucas ouvia abismado, e um trabalhador da casa que estava perto, ouvindo-os, interrompeu a conversa para elucidá-los:

— *A morte do corpo físico não faz necessariamente a pessoa deixar de ser o que era. Porque ser apegado a bens materiais, ser vicioso, são atitudes do espírito. Nosso livre-arbítrio é responsável por sermos materialistas, seja antes ou depois da desencarnação. Se encarnado não superou o apego a coisas materiais, não se tem garantia de que se pode superá-lo no Plano Espiritual. Infelizmente, a mudança de planos não nos modifica se não quisermos. Por isso é importante nos modificarmos já, agora, no momento que estamos vivendo, seja na espiritualidade ou no Plano Físico. Devemos nos esforçar para nos livrarmos do materialismo e dos nossos vícios. Se aqui na erraticidade você, que afirmou ter sido muito ligado à matéria, não se esforçar para mudar, ao reencarnar será novamente materialista. É assim com todos os nossos hábitos negativos não superados, se não os erradicamos, acompanham-nos no plano em que estivermos. Se não mudarmos para melhor, esforçarmo-nos para nos tornarmos bons, o regresso ao Plano Físico pode se repetir muitas vezes que serão valiosas oportunidades perdidas.*

A elucidação deixou Lucas e o companheiro pensativos, e os dois nem perceberam que o trabalhador se afastou para continuar fazendo sua tarefa. Passaram-se uns cinco minutos. Lucas comentou:

— *Estou envergonhado por estar aqui e não fazer nada, vendo alguns trabalharem tanto.*

— *Eu tenho tarefas!* — exclamou o senhor. — *Pela manhã, limpo com mais dois internos esta varanda, lavo as louças do café da manhã e, duas vezes por semana, à tarde, limpo os livros da biblioteca do posto. Já tentei fazer outras tarefas, mas não deu certo, não tenho jeito para cuidar dos enfermos. Ao alimentá-los, acabo derrubando os alimentos, sujando-os.*

— *Quero tentar ser útil! Você não sente vontade de ser mais útil?* — perguntou Lucas.

— *Eu? Como? Não sei.*

— *Encarnado, não sabia fazer mais coisas?*

— *Sabia mesmo era ganhar dinheiro* — o homem foi sincero. — *O que fazia lá não tem como fazer aqui. Ah, como gostava da vida encarnada! Vou varrer o chão de novo. Sabe por quê? Você me fez recordar da minha vida no Plano Físico e, quando lembro disto, fico com muita vontade de estar encarnado. Tenho então que me esforçar para não voltar ao meu ex-lar. Minha casa está toda modificada, aquela minha nora mexeu em tudo.*

Pegou uma vassoura e se pôs a varrer o chão da varanda. Lucas ficou sem saber o que fazer, mas, mesmo não tendo certeza de se agia corretamente, falou:

— *Desculpe-me! Por favor, não volte, aceite a vida como ela é no momento. Tudo passa e bons dias virão.*

— *Eu sei que tudo passa! Claro que passa! Minha vida encarnada passou e eu fiquei. Não vou voltar para lá, não devo! Já sofri muito! As modificações que fizeram no meu ex-lar não me agradaram e, depois, não mando mais. Não precisa se desculpar, você não me ofendeu. É que quando fico apreensivo pego esta vassoura e o trabalho me acalma. Não se preocupe, volto logo a ficar bem.*

O senhor foi varrendo, desceu a escada, e Lucas ficou ouvindo o barulho da vassoura se arrastando pelo assoalho, sentou-se numa cadeira e logo uma senhora acomodou-se perto dele.

— *Desculpe-me* — disse ela. — O *senhor foi enterrado assim? Com terno e com este cravo na lapela?*

— *É... Sim!* — respondeu Lucas.

— *Se o senhor quiser trocar de roupa basta pedir para Rita ou Maura que elas lhe arrumarão uma. Eu fui enterrada... Não, não fui! Enterraram meu corpo. Ai, gostava tanto dele! Colocaram um vestido comprido que achava feio, não me caía bem e aqui me arrumaram outras roupas e eu troquei. O senhor não precisa ficar vestido com terno se não estiver à vontade.*

— *Obrigado, mas acho que ficarei vestido assim por enquanto.*

— *Está elegante* — observou a senhora —, *é que terno é somente para ocasiões de cerimônia. Mas, se o senhor se sente bem vestido assim, deve ficar. Mas o cravo está estranho. Não quer retirá-lo?*

— *Foi um amigo que o colocou no meu velório. Quero-o aqui.*

Lucas respondeu, colocando a mão no peito, e pensou:

"Essa senhora não se difere das minhas vizinhas. De fato, não mudamos mesmo de imediato. Com certeza, se Marlene, Lucélia e Rosely estivessem aqui, iriam palpitar sobre tudo e todos."

E a senhora continuou falando:

— *Entendi, este ato de carinho está lhe dando forças. Como o senhor morreu, ou desencarnou? Aqui eles nos corrigem quando falamos morreu, porque de fato sinto-me viva! Não sou aquele corpo que ficou no caixão, no túmulo, então realmente não morri. Eu me engasguei com um pedaço de pão, estava sozinha, sufoquei-me e meu corpo faleceu. Jeito engraçado de morrer, não é? A gente morre à toa, não acha? Numa distração se é atropelado, como aquele senhor ali. Eu fui comer pão porque estava com fome e engasguei. Aqui é bom, mas vou embora. Vou para um local maior, minha neta que desencarnou com nove anos veio me visitar, pediu para que ficasse obediente, que viria para me levar para morar com ela. Minha neta é muito bonita! Eu...*

— *Eu que sofri muito para morrer. Senti dores horríveis e...*

— *Por favor, Lair! Assustou-nos!* — a senhora exclamou, repreendendo o senhor que a interrompeu, e explicou a Lucas: — *Lair repete muito isso, está sempre contando sua desencarnação.*

— *Ora* — replicou Lair —, *você também fala muito da sua. Todos aqui sabem que se engasgou com pão.* — Olhou fixamente para Lucas e falou mais baixo, com expressão séria: — *Meu coração parou por um entupimento das veias. Fiquei agoniado por minutos que me pareceram horas. Para os encarnados que me socorreram, desmaiei, mas eu mesmo, meu espírito, estava atento: foi horrível. Eu me vi dentro de um túnel escuro, ventava muito e tentei, desesperado, segurar-me para não ser sugado e não conseguia sair dele. Não queria atravessá-lo, mas era puxado por uma forte força. Sabia, não sei como, sentia que, se atravessasse o túnel, não voltaria. Foi uma agonia, até que escutei: "O senhor Lair está morto." Aí me distraí, não consegui me segurar mais e fui sugado. Por minutos atravessei aquele túnel escuro e ainda sentia a dor imensa no peito. Fiquei tonto, acho que devo ter adormecido, porque não me lembro do que aconteceu. Quando despertei estava num local muito ruim, estranho, levantei e andei, escutei gritos, risadas, lamentos, estava sujo e fedido. Desorientado, vaguei por lá. Hoje sei que o lugar chama-se umbral. Foi uma experiência muito triste e sofrida.*

Lucas ficou olhando-o, escutara atento. A senhora ficou calada, mas olhava para outro lado.

— *E aí com certeza tudo isto passou logo, não é?* — perguntou Lucas, interrompendo o silêncio.

— *Nada disto!* — respondeu Lair. — *Demorou a passar. Ficaria umas vinte horas conversando com você para contar tudo que me aconteceu naquele lugar de suplícios. Vaguei, chorei, gritei, ri também, enlouqueci, mas tinha alguns momentos de lucidez e então me revoltava e piorava minha situação. Vi muitas coisas estranhas, outras horríveis, e padeci muito. Fui socorrido, trazido para cá, fiquei no leito muitos meses, fui melhorando aos poucos. Hoje estou bem. Amanhã irá fazer vinte e cinco anos que meu corpo físico morreu e...*

— *Lair, por favor, venha comigo* — Rita o chamou.

— *Outro dia lhe contarei tudo!* — disse Lair, levantando-se, e desceu com Rita.

— *Ele está fazendo um tratamento* — informou a senhora. — *Tudo que ele contou é verdade, mas Lair somente fala sobre isto, acho que o tratamento é para equilibrá-lo e fazê-lo pensar e falar sobre outros assuntos. Um grupo de encarnados se reúne lá no centro, na parte de baixo, e ele faz parte dos desencarnados que recebem energias... Esmeralda!* — gritou a senhora, assustando Lucas. — *Não os provoque!*

A varanda tinha uma mureta de um metro e vinte centímetros de altura. Esmeralda, a senhora citada, pegou uma vassoura e ameaçou uns desencarnados que volitavam por ali. Eles riram, debochando. A senhora que conversava com Lucas levantou-se rapidamente e aproximou-se de Esmeralda.

— *Por favor, finja não vê-los. Por favor, vamos descer.*

Esmeralda resmungava, não queria sair da frente da mureta. Lucas levantou-se tenso, os desencarnados que volitavam eram parecidos com aqueles dois que vira perto do orfanato. Eles estavam com roupas e adornos estranhos, um deles estava nu. Eram feios.

"Será que tenho o direito de achá-los feios? Mas são diferentes!", pensou.

Um trabalhador do posto aproximou-se, tirou a vassoura das mãos de Esmeralda e pediu:

— A *senhora agora irá para a sala, está no horário do seu chá.*

— *Chá? Tem torradas?* — perguntou Esmeralda.

Ela desceu, acompanhando a senhora que estava conversando com ele. O trabalhador tranquilizou os abrigados que estavam na varanda.

— Não *precisam ter receio, está tudo bem. Desçam também. Sem plateia, eles irão embora.*

Lucas não conseguia deixar de olhá-los, eles estavam rindo e deveriam estar xingando. Na varanda, não se podia ouvi-los.

O trabalhador olhou para ele, o único que ficara, pois todos haviam descido, e perguntou:

— *Está curioso, amigo? Quer saber o que está acontecendo?*

— *Por que não os ouvimos? Eles não entraram aqui porque não quiseram?*

— *Venha aqui!*

O trabalhador convidou-o para encostar-se na mureta. Lucas sentiu medo, mas foi.

— Nosso *posto é cercado por uma energia que impede quem não se afina com ela ultrapassá-la. Esmeralda ficou muitos anos no umbral. Socorrida, é uma abrigada da nossa casa, mas ainda não se recuperou bem. Ao vê-los, ela quer enfrentá-los ou se defender.*

— *Confesso que os temi...*

— *Muitos os temem, e este temor, de alguma forma, faz com que eles se sintam poderosos. É isto que eles querem: poder, nem que seja pelo medo. Bata a mão aqui!*

O trabalhador bateu com a mão aberta. Lucas imitou-o e sentiu como se batesse num vidro grosso, blindado. Vendo-o curioso, o trabalhador gentilmente explicou:

— *Encarnados fazem construções da matéria física. Para entrarem nelas sem permissão, necessita-se desmanchar, quebrar, demolir etc. As construções que temos aqui são feitas de matéria disponível no Plano Espiritual, com a diferença de que não podem ser destruídas com marteladas, não podem ser abertas com as ferramentas que se usam no Plano Físico. Isto porque aqui se constrói de modo diferente, mas também pelo trabalho. Espíritos que sabem como fazer constroem plasmando, manipulando a matéria rarefeita e, assim, fazem abrigos, cidades, tudo para o bem comum. E os prédios, como estes e tantos outros que auxiliam, mas que estão perto das construções dos* encarnados e do umbral, são normalmente cercados por outra energia que impede desencarnados não convidados de entrar para perturbar a ordem.

— *Aqueles dois* — apontou Lucas para os desencarnados que estavam do outro lado da mureta — *estão com ferramentas, um tem um machado e correntes, o outro possui facas e marreta. Eles não podem tentar quebrar esta mureta? São mesmo ferramentas? Se encarnados quebram paredes com estes instrumentos, eles não podem?*

O trabalhador sorriu e respondeu:

— *Você é observador. Já expliquei a muitos abrigados sobre as construções e você é o primeiro que me faz esta pergunta. Conhecimento, como diz o senhor Silvano, adquire-se estudando, trabalhando, e não é privilégio somente dos bem-intencionados, todos podem ter conhecimento. Muitos desencarnados imprudentes, maus, sabem manipular energias. Todo ser vivo é um transformador desta força segundo o potencial receptivo. Toda matéria é energia tornada visível, a dos encarnados é concentrada de uma maneira, a que usamos aqui é de outra, e toda energia é força divina. Tiramos energias do fluido cósmico universal. A solidificação da matéria é um estado transitório do fluido universal. Fluidos espirituais constituem um dos estados do fluido cósmico universal, e é esse elemento que eles, os construtores, usam para operar.*

O trabalhador fez uma ligeira pausa. Lucas achou que as últimas frases dele eram repetidas, como se houvessem sido decoradas. Surpreendeu-se quando ele continuou a explicar:

— *Já vi desencarnados plasmarem algo sem saber, fazer pela vontade. Aquela senhora que conversava com você quis tanto ter uma fotografia de sua família, um retrato que tinha e que gostava muito quando estava encarnada, que, de repente, estava com a foto em suas mãos. Fez pela vontade. Eu também, quando desencarnei, quis muito estar vestido de outra maneira e, em segundos, estava com a roupa que mais gostava. Porém, isto se dá com objetos simples, normalmente iguais aos que tivemos em nosso poder, dos quais gostávamos. Os que aprendem fazer objetos maiores necessitam de muito treino. Há moradores do umbral que sabem, plasmam objetos para si e para outros, que são trocados por favores. De fato, aqueles dois estão com ferramentas. Não sei a procedência delas, se foram construídas por eles ou por outro desencarnado. Com estes objetos eles não têm como destruir nossas construções. Como falei, as nossas, que são para auxiliar, têm outras energias de que eles não dispõem. A diferença entre as duas é que as dos benfeitores são feitas da vontade de ser útil, de fazer o bem, com a manipulação do que a natureza ofereceu de mais puro. Acho que não estou conseguindo explicar direito.*

— Entendi sim e agradeço sua explicação — Lucas agradeceu. *— Deus faz tudo perfeito. O bem e o mal são opostos, para haver ordem na Terra, o bem sempre vence!*

— É mais ou menos isto — falou o trabalhador sorrindo. *— E se vence é porque tem motivos. Como lhe disse, o desejo de ser útil dá forças e a vontade influi muito neste trabalho. É muito abrangente este tema. A natureza não gosta de servir aos mal-intencionados. Pode até ser obrigada a servir, mas, como em tudo, a espontaneidade é fundamental.*

— Estou maravilhado! Você sabe fazer estas construções? — perguntou o aprendiz.

— Não sei, como também não sei ainda como estes engenheiros espirituais, estes construtores fazem. Mas admiro muito este trabalho, acho fascinante. Como acontece com tudo pelo que nos interessamos, procuramos conhecer mais

sobre o assunto. Essas construções são tarefas difíceis, porque para realizá-las necessita-se de muitos conhecimentos, treinos, acuradas meditações, domínio sobre si mesmo e poder de concentração.

— *Onde estes construtores ficam? Ou onde eles moram?* — curioso, Lucas quis saber.

— *Os espíritos que fazem isso residem em colônias e, quando necessitamos deles, solicitamos suas presenças e eles vêm. Esta varanda é recente, faz três anos que foi construída. O senhor Silvano, querendo que os abrigados tivessem um espaço para tomar sol, ver à noite as estrelas, fez o pedido e, quatro meses depois, eles vieram e fizeram-na em um dia.*

— *Por que demorou quatro meses para atenderem?*

— *O serviço é muito* — respondeu o trabalhador —, *vão atendendo primeiro os mais urgentes, depois a lista dos pedidos. Conheci os três que vieram aqui. Eles são simples, alegres e de muitos conhecimentos. Os três planejaram, conversaram com o senhor Silvano e Maura e, depois de estudarem como ficaria melhor, fizeram a varanda. Um deles me contou que a equipe é grande e que eles se dividem para atender a todos e, para um trabalho simples como era o nosso, somente três deles bastavam. Contou também que eles estavam fazendo um abrigo no umbral e lá estavam quarenta da equipe e mais outros cem espíritos ajudando na defesa do local. Isto porque muitos dos moradores da zona umbralina não queriam mais um posto de socorro por lá e estavam atacando-os.*

— *Por que estes desencarnados gostam de vir aqui e ficar espiando?* — Lucas apontou para os espíritos que estavam do outro lado.

— *Se eles passam, olham e ninguém lhes dá atenção, vão embora. Pode ser que às vezes algum curioso fique olhando por alguns minutos. Hoje, como Esmeralda pegou a vassoura e quis enfrentá-los, acharam graça e provocaram-na.*

— *Não sei se é certo, mas tenho medo deles.*

Alguns arruaceiros ficaram observando o trabalhador e Lucas. Um deles aproximou-se de onde eles estavam e fez uma careta. O trabalhador sorriu e convidou-o:

— *Vamos deixá-los aqui. Sentemos mais adiante.*

Sentaram-se, e alguns deles foram embora. Ficaram somente dois, olhando-os.

— *Quando você estava encarnado* — disse o servidor do posto —, *era prudente, não ia a certos locais à noite, não enfrentava um ladrão armado etc. Aqui no Plano Espiritual também devemos ser prudentes, não enfrentar arruaceiros ou maldosos sem saber como enfrentá-los. Quem aprende para ser útil sabe lidar com eles e, se houver um confronto, será para defesa. Como lhe mostrei, nosso posto, o centro espírita, é protegido por esta construção. Existem maldosos que sabem passar por esta barreira, mas não basta somente o conhecimento para que consigam atravessar, para fazer isto, os desencarnados têm que ter domínio de concentração. E ainda bem que a maioria dos imprudentes não consegue fazer isto, ter este domínio. É por isto que nosso abrigo, além de ter esta proteção, tem outros dispositivos, e eu, com outros companheiros de tarefas, tenho como dominá-los, se algum conseguir entrar.*

— *Eles não podem enganar? Muitos encarnados fingem, se passam por pessoas boas para prejudicar. Aqui isto acontece?* — quis Lucas saber.

— *Acontece! Tentam enganar, mas dificilmente conseguem. Encarnados têm para analisar apenas o externo, embora alguns encarnados sintam a vibração do outro. Os trabalhadores desencarnados que estudaram ou aprenderam com a prática não se deixam enganar. O perispírito pode ser modificado por aqueles que sabem. Observe este espírito que está ali parado, olhando para nós. Se ele souber modificar seu corpo perispiritual, poderá mudar sua aparência e ficar como uma criança, ou uma mulher, um homem velho, doente etc., e assim tentar entrar no centro espírita ou no posto e pedir ajuda, socorro. Com certeza será barrado, porque pode-se modificar a aparência externa, mas não o que ele é, ou seja, sua energia, vibração. Alguns até entram, mas não enganam. O trabalhador atendente pode deixá-los entrar por alguns motivos, para oferecer a oportunidade para que eles mudem, deixá-los ver como vivemos. E alguns destes enganadores sempre acabam querendo se modificar e ficam conosco; aos outros é dito que não enganaram e que se retirem. Mas a maioria é impedida de entrar porque tem somente a intenção de fazer arruaça. Vou descer, tenho muito o que fazer. Você fica ou quer tomar um chá?*

— *Ninguém se modifica com a morte do corpo físico!* — exclamou Lucas.

— *Infelizmente, é verdade. Alguns demonstram ser piores, porque aqui não conseguem esconder o que são realmente. Mas graças a Deus muitos se tornam melhores!* — respondeu o trabalhador.

Lucas se juntou aos outros no refeitório, para tomar um delicioso chá.

CAPÍTULO 12

O CENTRO ESPÍRITA

Lucas concluiu que Juliano tinha razão, conversar com os outros abrigados estava sendo muito interessante. Sentou-se perto de duas senhoras que tomavam chá com torradas. Elas se apresentaram, eram Sara e Divina.

— *Nunca pensei que morto pudesse comer* — comentou Sara.

— *Desencarnado* — corrigiu Divina.

— *Eu sei* — afirmou Sara —, *mas para mim quem morria era "morto", e ainda não acostumei. Estou achando tudo muito diferente. Sei que morri, desencarnei, porque, numa reunião no centro espírita, comparei meu corpo que agora uso com duas* pessoas que estavam lá. Eles me orientaram e me disseram que muitos que mudam de plano ficam confusos.

— A mudança de plano é diferente e ao mesmo tempo tão parecida! — exclamou Divina. — Eu sou como era antes, continuo tendo até as pintas nas mãos. Graças a Deus agora estou bem, sofri com a desencarnação. Quero esquecer aquele sofrimento. Estou bem aqui!

— Será que não está na hora de fazermos alguma coisa? — perguntou Sara. — Eu também me sinto bem, graças ao pessoal daqui.

— Vou descansar mais umas semanas, está muito bom eles me servirem — disse Divina.

— Devemos usar, mas não abusar. Quero ajudar — determinou Sara. — Estou aqui há três meses e não faço nada. Hoje vou conversar com Maura e pedir a ela algumas tarefas. Nunca quis ser um peso para ninguém. E o senhor — virou para Lucas —, chegou recentemente? Não o tinha visto aqui. Recebeu orientação na sessão dos encarnados?

— Estou de passagem — respondeu Lucas. — Desencarnei há pouco tempo, dormi aqui e meu orientador virá me buscar. Não recebi orientação de encarnado. Isto é possível? Podemos conversar com os vivos da carne?

— É possível, sim — afirmou Sara. — Esse processo é um trabalho importante, para mim foi. Estava perturbada, fiquei doente dois anos e, nos últimos seis meses, acamada. De repente, acordei conseguindo me mover, levantei, senti fome e tomei uma tigela de sopa. Contente porque melhorei, quis que meus filhos viessem me ver e soubessem que estava bem. Como eles não vieram e eu não sabia onde estava, fiquei confusa, achei que estava louca e chorei muito. Então Maura me levou à reunião dos encarnados. Lá no centro, escutei orações, ouvi conversas, aproximei-me de uma moça, falei o que estava sentindo, aí percebi que a moça repetia o que falava. Uma outra senhora me respondeu, ela me explicou que meu corpo físico, pela doença, terminou sua função, que eu sou um espírito que não morre e que continuaria a viver, ia sarar e aprender a viver como desencarnada. Assustei-me, mas depois fui entendendo e até fiquei aliviada.

— *Você recebeu auxílio no centro espírita! Interessante!* — exclamou Lucas. — *Passei por ele, mas não vi direito, gostaria de ir lá.*

— *Quer que eu o leve para você conhecer o centro?* — perguntou Sara.

Afirmou com a cabeça, Sara puxou-o pela mão e desceram as escadas.

— *Preste atenção nas minhas explicações, não gosto de repetir* — explicou Sara. — *Aqui está o telhado da construção material, ali é o centro. Vamos descer! Este é o salão onde os encarnados se acomodam para assistir às reuniões, esta divisória acima é para nós assistirmos às palestras e aos estudos.*

Lucas observou atento a divisória apontada, era como se fosse um forro ou assoalho de vidro, e este espaço estava repleto de cadeiras.

— *Os encarnados não veem esta construção, e ela não os incomoda. Se alguém mais alto encostar-se ao teto, assoalho para nós, não acontece nada conosco e nem com ele.*

— *É fantástico!* — admirou-se Lucas.

— *Aqui ficamos assistindo.*

— *Vocês podem vir sempre?* — quis Lucas saber.

— *Em alguns trabalhos não podemos, nos de orientação a desencarnados ou desobsessão, por exemplo. Nestes somente podem os abrigados que se sentem melhor, isto porque muitas vezes vêm aqui espíritos desajustados com suas consciências, os que estão agindo com maldade, e alguns de nós podem se impressionar ou ficar com medo. Para as reuniões de estudo, todos são convidados, para as palestras também. Ouvimos, oramos e, depois que os encarnados vão embora, continuamos aqui. O senhor João, o senhor Silvano ou Maura ficam conosco para nos tirar dúvidas, é muito proveitoso. Escute!* — pediu Sara. — *É o senhor Silvano descendo as escadas. Boa tarde, senhor Silvano, estou mostrando o centro espírita para Lucas.*

— *Boa tarde!* — respondeu o senhor Silvano sorrindo. — *Como está, Lucas? Está gostando daqui?*

— *Estou bem, obrigado* — respondeu Lucas. — *Estou gostando e achando muito interessante tudo o que vejo. Todos os centros espíritas são assim? Têm esta parte para os desencarnados?*

— *Normalmente são. A maioria deles tem um abrigo acima, um pequeno posto de socorro onde os trabalhadores desencarnados têm um local para ficar, morar, e os socorridos, para se hospedar. Em quase todos os locais que grupos se reúnem para orar, ou seja, templos, igrejas, terreiros etc., existem espíritos afins que tentam auxiliar.*

— *O senhor poderia me esclarecer o que é centro espírita e o que vem a ser Doutrina Espírita?* — pediu Lucas.

O senhor Silvano convidou-os para sentarem e o esclareceu.

— *Não foi o Espiritismo que inventou os fenômenos, eles sempre existiram. Foi Allan Kardec que, depois de estudá-los, organizou e deu nomes a eles, e este estudo é o resultado de muitas mensagens recebidas por diversos médiuns. Com as obras de Allan Kardec, foram surgindo centros espíritas cujo objetivo principal é instruir. Doutrina espírita é uma ciência, filosofia e religião trazidas para nós pelos espíritos evoluídos. Então, os centros espíritas são locais onde se desenvolvem as tarefas do movimento espírita. São escolas de formação espiritual e moral.*

Devem ser um núcleo de estudo, fraternidade e oração com base no Evangelho de Jesus. Muitos dizem que também é um hospital, concordo. Aqui tratamos dos enfermos de alma, sanamos enfermidades e prevenimos muitas outras. É interessante que nestes núcleos haja bibliotecas, cursos e palestras. E, como tudo, para ter ordem, precisamos ter quem o dirija tanto para os encarnados como para a equipe desencarnada.

— *Hoje à noite terá reunião?* — perguntou Lucas.

— *Graças a Deus* — respondeu o senhor Silvano —, esse *centro espírita tem atividades todas as noites e algumas reuniões durante o dia. Logo mais teremos uma palestra seguida de passes. Se quiser, pode assistir.*

— *O que é "passe"? Precisa, após tomar água? Por que é servida a água? Ela é diferente?* — perguntou Lucas.

— *Passe* — respondeu o senhor Silvano, explicando — é um *conjunto de recursos de transferências fluídicas com fins terapêuticos. É uma doação do que o médium, o passista, tem de melhor, ajudado pelos espíritos desencarnados trabalhadores da casa. Para receber essa doação, deve-se ser receptivo, querer o auxílio. A água a que você se refere é oferecida, toma quem quer, a chamamos de água fluidificada. A água é condutora, ela recebe os fluidos espirituais por meio de rogativas fervorosas e sinceras. Quando ingerida, produz os efeitos salutares de que é portadora. É de grande valor terapêutico.*

— *Agradeço a explicação* — falou Lucas. — *Queria escutá-lo mais, porém estou com sono.*

— *Isto é natural, faz pouco tempo que desencarnou. Vá ao refeitório, tome um caldo e descanse. Peça a Sara para acordá-lo às dezoito horas e, se estiver bem, venha à reunião, com certeza irá gostar.*

Lucas acatou a sugestão, ele e Sara foram ao refeitório. Ele tomou um caldo, ia lavar seu prato, mas Sara se ofereceu para fazer isto depois, acompanhou-o ao quarto e o tranquilizou:

— *Deite e descanse despreocupado, eu o chamarei quando for a hora.*

Lucas, cansado, acomodou-se, dormiu e, como prometido, foi acordado por Sara.

— *Acorde, Lucas! Está bem? Descansou?* — Como ele respondeu afirmativamente com a cabeça, Sara continuou: — *Lave o rosto, ajeite-se. Não quer tirar esse cravo? Não? Tudo bem. Espero-o no refeitório para irmos ao centro espírita.*

Lucas olhou o cravo que Fernando lhe dera.

— *Não quero tirá-lo. Será que Izildinha desencarnou? Se ela estiver no Plano Espiritual, poderá me reconhecer se eu estiver com o cravo, porque mudei muito nestes anos, envelheci.*

Ajeitou-se e foi ao refeitório, onde lhe foi oferecida uma xícara com um líquido parecido com café. Tomou, gostou e repetiu. Depois, desceu com Sara. O centro espírita estava aberto e muitos encarnados chegavam como também vários desencarnados. Dirigiram-se ao forro ou o assoalho acima do salão, acomodaram-se. Lucas estava curioso e ficou olhando tudo. Muitos abrigados ali estavam, alguns concentrados em preces, outros conversando ou ouvindo os encarnados.

— *Olhem!* — falou alto um senhor abrigado. — *Aquela ali é minha filha! Tem vindo muito ao centro. Como ela está bonita! Está alegre!*

Eles olharam para a senhora que entrou sorrindo, cumprimentando a todos. Entre os encarnados reinava a fraternidade, todos se cumprimentavam, conversavam, perguntando sobre os familiares ou falando de assunto do interesse deles.

— *Eles conversam* — explicou Sara, que sentara ao lado dele —, *mas são educados, não fazem fofocas, trocam novidades, como, por exemplo: "Como está passando sua mãe?"; "Seu filho melhorou?"; "Como foi sua viagem?". Eu gosto de escutá-los.* Agora *eles irão ficar em silêncio, o orador convidado irá fazer a palestra.*

Lucas queria ver todos os detalhes daquele evento, olhava os encarnados, os desencarnados, e viu que num canto do salão estava um grupo de seis desencarnados muito estranhos e mal--humorados. Curioso, perguntou a Sara:

— *Quem são aqueles desencarnados?*

— *Depois eu lhe explico, agora quero ouvir o orador. Não devemos conversar durante a palestra, aprendemos muito as ouvindo.*

Ele compreendeu que não deveria conversar. Todos os desencarnados estavam atentos e, se algum encarnado conversava, atrapalhava a concentração de muitos. A lição, um tema interessante, a reencarnação, era ouvida com atenção.

Lucas, mesmo querendo ouvir, curioso, acabou se distraindo. Olhava tudo, observou alguns encarnados, percebeu que eles pensavam em outras coisas, vieram ali sem interesse em aprender, somente para receber o passe. Mas a maioria estava atenta, queria aprender. Veio à mente de Lucas a parábola do "Semeador",[1] contada por Jesus no *Evangelho.*

"Deve ter", pensou ele, "muitos *semeadores dos ensinos de Jesus e aqueles que os escutam, leem, tentam aprender representam os diversos terrenos: pedras, espinheiros, estrada e a boa terra, a fértil. Quero ser um bom terreno! Quero ser a terra fértil!"*

Até tentou ficar atento ao que ensinava o orador.

---

1 N.A.E.: Lc, 10: 25 a 37.

"Creio que, sendo esta a primeira vez que assisto a uma palestra no Plano Espiritual, quero ver como acontece, por isso não consigo prestar atenção. Tudo é novidade para mim!"

Porém, ouviu alguma coisa dita pelo palestrante. As partes do Evangelho que falam claramente sobre reencarnação, as diferenças nas pessoas que notamos no nosso dia a dia e que reencarnação é a volta do espírito ao Plano Físico em muitas existências sucessivas. Somente a reencarnação explica as diferenças morais, intelectuais e materiais entre nós. É um recomeço, uma oportunidade de evolução ou de retificação.

A palestra terminou e os encarnados foram receber o passe. Um dos seis desencarnados que ele vira no canto tentou sair do cerco e ir com uma jovem encarnada; foi impedido. Após todos os que quiseram receber o passe terem se acomodado de novo, um senhor fez uma prece de encerramento, porém Lucas não conseguiu acompanhar, porque ficou atento à movimentação dos trabalhadores da casa e a uns espíritos que ele não tinha visto ainda. Esses espíritos se posicionaram em volta do salão e, enquanto oravam, eles irradiaram energias sobre todos. Parecia que no local estava garoando, uma garoa fina de luzes caía nos presentes.

"Que maravilha!", pensou Lucas, deslumbrado. *"Como tenho expressado este adjetivo, mas não encontro outro mais apropriado. Estou deveras maravilhado!"*

Os encarnados foram saindo, conversando alegres. Os seis desencarnados foram conduzidos por uma porta e desapareceram de sua vista. Sara saíra de perto dele, foi conversar com outras senhoras, amigas dela. Maura aproximou-se dele e perguntou:

— *Gostou, Lucas?*

— *Muito, mas tenho curiosidade para saber muitas coisas.*

— *Pode perguntar.*

— *Aqueles ali* — Lucas apontou para os espíritos que estava vendo pela primeira vez — *trabalham no centro, fazem parte da equipe de servidores do posto?*

— *Não, nossos trabalhadores são poucos, então recebemos amigos que residem numa colônia a que somos filiados, que vêm nos ajudar nos horários marcados dos trabalhos realizados em auxílio a encarnados e desencarnados. Eles permanecem conosco o tempo necessário e depois voltam às suas tarefas na colônia. Você viu o que eles fizeram?* — Como Lucas respondeu afirmativamente com a cabeça, Maura continuou a elucidá-lo. — *Eles irradiam o que são e, quando querem doar energias, acontece o que você viu, nosso salão ficou banhado de fluidos benéficos. E todos nós que ficamos até o final fomos agraciados.*

— *Quando vim para o salão, vi seis desencarnados naquele círculo no canto, permaneceram ali o tempo todo. Um deles quis acompanhar uma moça, esforçou-se para sair e não conseguiu, depois eles entraram por aquela porta.*

— *Aqui desencarnados vêm com os encarnados em busca de ajuda. Alguns encarnados são perseguidos por desencarnados imprudentes e rebeldes. Normalmente, estes desequilibrados vêm acompanhando aqueles que querem prejudicar e, se não querem vir, são buscados e trazidos, e quando não vêm espontaneamente ficam cercados e não podem sair daquele círculo que nós, os trabalhadores da casa, fizemos. Ali eles escutam a palestra, as orações, depois são levados para outro compartimento que temos no subsolo. Lá eles têm alimentos, roupas, cuidados, conversam e lhes é oferecido auxílio. A maioria não aceita. É analisado se alguns entre eles poderão ficar para a sessão de desobsessão. No posto ninguém fica se não quer, embora sempre os que vêm aqui devam permanecer no subsolo de* três a cinco dias. Todos nós temos nosso livre-arbítrio de querer ou não ajuda.

— Não entendo como alguém pode recusar ajuda. Sou tão grato por ter recebido o auxílio de Juliano e de vocês — expressou Lucas.

— Lembro-o — explicou Maura — de que gostos diferem e o que é para alguém uma coisa boa pode ser para outros um castigo. Ficar aqui e ter que seguir as ordens da casa é segurança para a maioria; para outros, é arbitrariedade. Os que gostam daqui acham a simplicidade encantadora; para outros, é um lugar sem atrativos. Os seis desencarnados que viu ficarão alguns dias no subsolo para conhecer outra forma de viver e com certeza lá irão debochar, mas sempre tem os que querem mudar a maneira de viver. Agora, irei tirar as dúvidas do grupo.

Levantou-se, foi à frente e falou:

— Quem tiver perguntas sobre a palestra, pode fazê-lo.

Um moço indagou:

— Será que eu pedi, antes de reencarnar, para mudar de plano ainda jovem? Agora não faria isto. Meus pais sofrem muito e eu queria estar encarnado. Desencarnei com vinte e cinco anos.

— Hailton, você logo será transferido para uma colônia; lá irá estudar e poderá, quando estiver preparado, saber de seu passado e o porquê de ter ficado doente e desencarnado jovem. Desencarnação não é castigo e nem a reencarnação. É no corpo físico que encontramos resistência e temos muitas oportunidades de progredir, de provar que aprendemos as lições teóricas. Se você aprendeu a amar a vida encarnada, aproveitou a oportunidade. Porque devemos amar a vida no estágio em que estamos, ame também a que está vivendo.

— Será que no passado fui um desertor da vida? — perguntou ele.

— *Para muitas reações, ações diferentes* — respondeu Maura.

— *Posso também ter assassinado pessoas* — disse Hailton triste.

— *Ora, por que se atormentar com o que fez ou supõe ter feito? O passado ficou para trás e é o presente que importa. Esforce-se para melhorar. Seus pais, principalmente sua mãe, sentirão que está bem e aí eles se sentirão melhor e se conformarão.*

— *Queria na próxima existência encarnar, nascer numa família espírita. A desencarnação, para os espíritas, parece ser mais fácil. Eles não estranham o que encontram na espiritualidade* — comentou Hailton.

— *Os seguidores da Doutrina de Allan Kardec* — explicou Maura — *sabem que atitudes erradas são ações que requerem reações. Por compreensão, tentam fazer mais atos certos, têm a caridade como meta, tanto que o Espiritismo é considerado a religião mais fraterna da atualidade. Como é recomendado estudar, ler, a maioria muda de plano com conhecimento do que irá encontrar, por isso os que sabem não se perturbam e aceitam essa mudança inevitável. O que nos faz ser ou não bem recebidos na espiritualidade são, realmente, nossas ações. Muitos, aqui na erraticidade, querem reencarnar numa família espírita. Pode pedir, mas, para receber o atendimento dessa rogativa, tem que fazer para merecer. E muitos, infelizmente, têm essa oportunidade, mas não dão valor e, às vezes, nem seguem a religião de seus familiares. E outros se tornam espíritas porque vão em busca de algo que possam entender pelo raciocínio.*

— *Meu consolo é que somente morre o corpo físico e não a vida! Ela não acaba!* — exclamou Divina.

— *Toda a tristeza* — continuou Maura explicando — *que a morte do corpo físico provoca em nós é por não compreendermos* a continuação da vida, o renascer sempre, no Plano Físico ou no Plano Espiritual. Ninguém perde a vida.

— Achei — disse um senhor — interessante o orador dizer que necessitamos sempre um do outro. Quando encarnado, morei doze anos sozinho e achei que não precisava de ninguém. Porém, esqueci que o pão que comprava era alguém que fazia, que o arroz que cozinhava havia sido plantado por uma pessoa, colhido etc. Morri, ou desencarnei, pensei que aí sim não necessitaria de ninguém. Que engano!

— Ninguém — Maura elucidou — pode viver e progredir sem os outros. Cooperação é preciso, é necessário ajudar-nos. Jesus, o mais sábio dos homens que encarnou no nosso planeta, ensinou isto quando disse: ame seu semelhante!

— Tenho saudades de minha mãe — falou chorosa uma moça. — Somente agora entendo que a amo muito. Acho que mamãe e eu já reencarnamos várias vezes juntas. Ela foi tudo para mim, não senti solidão na minha doença porque fui muito consolada por ela. E mamãe sente minha falta e sofre, não queria que ela sofresse. Ela me disse, quando eu estava para desencarnar, que me amava muito, que queria ter ficado doente em meu lugar.

— Parece, Fabiane, que realmente entendemos que amamos alguém quando sofremos com ele, ou preferíamos padecer em seu lugar. Não é possível ficar doente no lugar do outro, mas compreender que estando junto podemos suavizar dores pelo amor. Tenho visto muito isto acontecer, principalmente com mães. Não conseguem sofrer no lugar de um filho, permanecem perto, tentam de todos os modos, e conseguem amenizar dores. Esteja, Fabiane, como sua mãe quer, feliz, sadia, e deseje a ela consolo e tranquilidade. Não deixe a saudade machucá-la e queira que a saudade que sua mãe sente seja suave e que *vocês duas tenham esperança no reencontro que certamente se dará. Porque não nos separamos de quem amamos, a ausência fortalece essa afeição.*

Como ninguém mais perguntou, todos voltaram ao posto, e Lucas, cansado, foi descansar, dormiu após ter feito uma prece de agradecimento.

CAPÍTULO 13

ASSUNTOS ESCLARECEDORES

Lucas acordou e se assustou com a hora, eram dez horas. Levantou-se rápido e viu um papel sobre a mesinha. Pegou-o e leu:

"Peço-lhe desculpas. Por um compromisso urgente, não poderei ir vê-lo. Amanhã nos encontraremos. Passe um dia tranquilo. Juliano."

Sorriu aliviado por não ter se atrasado. Sentou-se, orou, depois se ajeitou e desceu para o refeitório. Vendo Divina sentada, cumprimentou-a, pediu para se sentar ao seu lado e logo estavam conversando. Lucas contou sua desencarnação e terminou por dizer:

— *É uma aventura! Por que será que gostamos de falar sobre esse assunto?*

— *Conhece, no momento, outro melhor? Acho que estamos trocando informações ou até lamentando. Mas creio que seja um acontecimento muito importante. Eu... Você quer ouvir o que ocorreu comigo?*

— *Quero sim!* — respondeu ele, realmente curioso.

— *Não agi certo* — começou Divina a contar. — Meu *corpo físico morreu, fui socorrida, vim para cá porque, segundo eles me explicaram depois, mereci, por ter feito o bem. Não agi com maldade com ninguém. Amava muito minha família e, para ser sincera, achava que tudo o que me fora emprestado era meu. Acordei num local muito diferente. Pensei: passei mal e meus familiares me internaram, primeiro achei que era um hospital, depois um asilo. Revoltadíssima com a família, porque julguei terem me colocado num asilo, fiz um escândalo. Maura tentou me acalmar, não conseguiu. Uma interna do leito ao lado do meu defendeu Maura e me disse que eu havia morrido. Levei um susto tão grande que fiquei paralisada, quieta por horas. Maura, atenciosa, veio me ver, quis saber como estava. Pedi a ela para me contar o que havia acontecido comigo. Com calma, com jeitinho meigo, ela me explicou que eu tive uma embolia, e isso foi fatal para minha vestimenta física. Ela me abraçou e confortou.*

Aproveitando que Divina fizera uma ligeira pausa, Lucas comentou:

— *Maura é mesmo especial!*

Divina concordou com a cabeça, deu um sorrisinho e continuou sua narrativa:

— *Gritei ao escutá-la, reclamei, queixei-me, disse que estava com certeza num hospício, entre loucos, e bati em Maura, que, surpreendida, recebeu uns dois tapas, depois me segurou e pediu para me acalmar. A senhora que estava ao meu lado gritou, me repreendendo: "Você está sendo ingrata! Quer saber a verdade? Volte para sua casa! Você não está presa aqui, mas abrigada. Ingrata!". Fiquei quieta novamente, depois perguntei à senhora: "Como faço para sair daqui?". "Tem duas maneiras", respondeu ela, "uma é pensar forte na sua casa, que irá para lá. A outra é levantar e sair, a porta não está trancada. Desça a escada, no térreo tem um salão e, na frente, duas portas. Abra a da direita, também fica destrancada, e aí é só passar que estará na rua. Mas pense bem, não será bom para você fazer isto. Aqui não é hospício e nem asilo, é um posto de socorro que abriga recém-desencarnados ou, como preferir, os mortos. "Isto aqui", a senhora bateu no peito, "é nossa alma, que eles chamam de perispírito".*

Divina suspirou triste. Ele entendeu que aquelas lembranças lhe eram dolorosas. Mas ela continuou contando:

— *Fiquei quieta pensando. Era tão querida, amada por todos meus filhos, genros, nora e netos, por que motivo eles teriam me deixado ali entre estranhos e malucos? Levantei, senti tontura, sentei, tomei um suco. Sentindo-me melhor, abri a porta devagarzinho, me alegrei por não estar trancada, desci a escada, vi o salão, a porta, e saí para a rua. Não conhecia aquele lugar, encostei-me à parede e quis muito estar em minha casa, fechei os olhos; e, quando os abri, estava no meu quarto. Estranhei, mas iludida concluí: acordei de um pesadelo. Estou falando muito, incomodo?*

— *Por favor, continue* — pediu Lucas, admirado com o que ouvia.

— *Achei a casa desarrumada, estava fechada, tentei abri-la, não consegui. Andei por ela, faltavam alguns objetos. Quis sair e novamente tentei abrir as portas, janelas, não foi possível.*

Confusa, com medo, acreditando ainda estar sonhando, deitei na minha cama e dormi. Acordei com vozes, reconheci serem das minhas filhas. Levantei-me apressada, elas estavam na sala e choravam. "Por que choram? O que aconteceu?", perguntei aflita. Uma delas disse: "Por que a morte existe? Por que não morrem somente os maus? Deus parece ser injusto levando as pessoas boas". A outra respondeu: "Acho que os maus ficam mais tempo vivos para sofrerem". Eu, desesperada, indaguei: "Quem morreu? Quem? Por Deus, digam-me!". Elas continuaram se lastimando, pegaram alguns documentos e foram embora. Estava tão confusa que somente depois que fiquei novamente sozinha e trancada que percebi que minhas filhas nem haviam se despedido de mim. Foi um período estranho: ora achava que sonhava e queria acordar, ora que estava louca. Meu lar estava fechado, eu dormia muito, sentia fome e sede que somente passavam quando vinha alguém à casa.

Lucas não se conteve e interrompeu-a:

— *Você sabe me explicar por que isso acontecia?*

— *Sei porque o senhor Silvano elucidou-me* — respondeu Divina. — *Ele me explicou que eu sugava energias de quem estava no meu ex-lar e sentia como se tivesse me alimentado. Fazia isso sem saber, porém muitos desencarnados o fazem conscientemente. E os encarnados podem deixar ou não isto acontecer com eles. No meu caso, meus familiares até doavam, me amando, pensando em mim, também sem saber que o faziam. Pensei muito nas explicações que ele me deu e achei que era por isto que há tantas histórias de vampiros. Falei à Maura sobre isto e ela me esclareceu que esses sugadores de energias alheias são chamados por muitos de vampiros e que não sugam sangue, mas energias orgânicas.*

— *De fato tem fundamento!* — exclamou Lucas. — *Minha avó dizia que nada é inventado, que um fato, história, pode ser distorcido, aumentado, comparado, mas, quando há fumaça, existe o fogo. Falava isto sempre que contava histórias de assombrações. Agora, sabendo que continuamos vivos e que podemos vagar, vejo que vovó tinha razão. Porque, se alguém a visse em sua casa nessa época, diria que estava vendo um fantasma. Continue a contar, Divina, sua história está muito interessante.*

— Fizeram, meus filhos, uma reunião na casa e tive uma grande decepção. Meu filho queria lesar minhas filhas e ficar com uma parte maior da divisão de bens, ele mentiu que eu tinha lhe dado uma aplicação financeira. Gritei até a exaustão que era mentira. Chorei muito ao vê-los brigar. E meu filho ficou com a aplicação. Decidiram, para não haver mais brigas, vender tudo e dividir o dinheiro. Os móveis seriam vendidos para uma loja de artigos usados, colocariam a casa e dois apartamentos numa imobiliária. Dias depois, não sei determinar quantos foram, uma das minhas filhas veio sozinha se despedir da casa e pegar minhas roupas para doar a um asilo. Ela chorou e lamentou que o marido a traía, me pediu ajuda, disse: "Mamãe, mamãezinha, ajude-me! O que faço?". Eu não sabia o que fazer e chorei muito, choramos. Acalmamo-nos depois de uns quinze minutos. Ela falou: "Mamãe, Ivonette, minha vizinha, convidou-me para ir com ela a um centro espírita. Vou! Sei que os espíritas ajudam muitas pessoas". "Vou junto!", decidi. Saí com minha filha, fiquei pertinho dela, fomos à sua casa, ela se trocou e saímos. Surpresa, reconheci o lugar do qual tinha fugido. Quis ir embora, mas fiquei com medo porque algumas pessoas, agora sei que eram desencarnados, estavam ali perto, olhando e rindo, achei-os feios e maldosos. Entrei com minha filha e fiquei ao seu lado.

— Puxa! Foi mesmo coincidência você ter voltado aqui! — exclamou Lucas, interrompendo-a.

— *Nem tanto, morava aqui perto, e essa filha reside bem mais próximo* — respondeu Divina e continuou seu relato: — *Um senhor, trabalhador do centro espírita, me convidou para ficar mais acima. Subi e me acomodei. Ouvi uma palestra muito bonita falando de Jesus e chorei emocionada. Vi minha filha receber energias, ela ficou radiante e esperançosa. Quando terminou e muitos foram saindo, fui acompanhar minha menina, e o mesmo senhor me convidou novamente: "Fique mais um pouquinho, a senhora irá receber um tratamento especial". "Mas e depois, como vou embora? Minha filha irá me esperar?", perguntei preocupada. "Fique tranquila, tudo está acertado", respondeu ele. Achando que necessitava receber uma ajuda maior, fiquei.*

Divina suspirou e ficou calada, Lucas esperou por segundos. Interessadíssimo para saber o resto da história, apressou-a:

— *Por favor, termine.*

— *Continuou a movimentação no centro, pessoas iam e vinham. Convidaram-me para descer e ficar perto de uma mesa onde estavam sentadas várias pessoas que oravam e aí começaram a conversar. Agora sei que era um trabalho de orientação a desencarnados. "Venha, fique aqui", o senhor me pediu. Fiquei, e uma senhora que estava sentada ao lado de uma moça de quem eu estava perto me cumprimentou. "Boa noite!", respondi, e quando ela me perguntou o que acontecia desabafei e concluí: "Se sonho, acordem-me, pelo amor de Deus; se estou louca, ajudem-me!". A senhora, com delicadeza, fez-me ver a diferença do corpo dela, das pessoas que estavam sentadas e do meu. Explicou que meu corpo físico havia parado suas funções e que eu, espírito sobrevivente, deveria aprender a viver de outro modo. Reconheci Maura entre os que estavam ali ajudando. Lembrei que ela tentara me avisar. Chorei de vergonha e também de alívio. Agradeci, e desta vez, ao ser trazida para um quarto, fui educada, agradecida, pedi perdão a Maura, que me abraçou e disse: "Perdoo, querida, não se aflija com esta lembrança, você não estava bem".*

Divina ficou em silêncio, suspirou algumas vezes enquanto batia com os dedos na mesa. Lucas também ficou calado, pensava no que escutara. De repente, ela falou baixinho:

— Não *olhe agora, disfarce e olhe depois. Na mesa do canto esquerdo, dois homens estão sentados, eles ainda não se entrosaram conosco.*

— *Por quê?* — perguntou Lucas.

Ele mexeu na cadeira, disfarçou, olhou para a mesa indicada e viu dois homens sentados e quietos.

— *Não sei muito bem o porquê, mas me falaram que os dois, quando encarnados, foram internos num sanatório judicial, num destes hospitais de doentes mentais que cometeram crimes. Sinto receio deles.*

— *Eu não sinto e vou conversar com eles* — decidiu Lucas.

— *Eu não vou. Aviso-o de que eles não são de muita conversa. Faz dez dias que eles saíram do quarto, um destes que tem no posto, em que os abrigados ficam dormindo em tratamento.*

— *O que acha que eles podem lhe fazer?* — perguntou Lucas. — *Matá-la? Já está morta!*

— *Não precisa falar comigo assim!* — queixou-se Divina.

"Devo *me esforçar para não criticar. Pena que não mudei de imediato. Quero, preciso ser mais educado. Devo me retratar.*"

— *Desculpe-me* — pediu ele. — *Não queria ser grosseiro. Você, Divina, é tão educada, delicada, eu que sou um velho ranzinza!*

— *Está desculpado!* — respondeu Divina, sorrindo. — *Numa coisa você tem razão, não devo ter medo. Se eles estão aqui dentro, não nos farão mal. É que preciso ir à varanda. Não! Não preciso, creio que tenho também de parar de dar desculpas para me justificar. É que não quero conversar com eles.*

— *Você tem razão, Divina. O melhor seria sempre dizer: sim, não, quero, não aceito etc. Mas para fazer isto tem que saber como falar, para não ofender. O meio-termo é necessário. Agi com muita franqueza quando encarnado e não deu certo. Você está sendo sincera comigo ao afirmar que não quer conversar com eles. Mesmo sem intenção de ofendê-los, se eles a escutassem, com certeza eles se sentiriam ofendidos.*

— *Isto é verdade! Eu não teria coragem de dizer isto a eles, inventaria uma desculpa, mentiria, mas não quero mentir mais. Então, o que fazer?*

— *Penso que devemos agir com bom senso. Evitar, por enquanto, situações em que não sabemos como agir. Não quero mais ofender ninguém. Vou lá conversar com eles e prestar atenção no que falo.*

— *Vou à varanda. Até logo!* — despediu-se Divina.

Lucas levantou-se, aproximou-se deles, cumprimentou-os e pediu:

— *Olá! Posso me sentar aqui com vocês?*

Os dois responderam ao cumprimento sem entusiasmo e, quando ouviram o pedido, observaram-no, sorriram, trocaram olhares e um deles perguntou:

— *Está sendo discriminado?*

— *Eu? Bem...* — Lucas não sabia o que responder.

— *Tudo bem, sente-se aí. Você de fato está engraçado vestido assim. Parece um pinguim. Chamo Gervásio, e este* — apontou para o companheiro — *é o Lindinho. E você, como se chama?*

— *Lucas!* — ele respondeu, sentou-se ao lado deles e perguntou: — *Faz tempo que vocês estão aqui? Eu estou há pouco tempo, acho, não sei quantos dias dormi.*

Lucas percebeu que os dois não estavam a fim de conversar e olharam para ele, que sorriu. Como não responderam, continuou falando:

— Vocês dois estão bem-vestidos. Onde arranjaram estas roupas?

Permaneceram calados. Lucas os observou, Gervásio era branco, alto, magro, com olhos azuis, e Lindinho era negro, alto, magro e tinha as mãos grandes. Os dois trocaram novamente olhares, e Gervásio respondeu:

— *Não pegamos estas roupas de ninguém, uma senhora nos deu. Você está perguntando isto por quê? Acha que pegamos?*

— *Não* — respondeu Lucas, apressado. — *É que, se vocês dois estão bem-vestidos, eu posso ficar também.*

— *É... assim você está muito feio* — disse Lindinho.

— *Vocês poderiam conversar comigo* — pediu Lucas. — *São tão simpáticos!*

— *Nós? Você tem certeza? Somente as enfermeiras, as daqui, conversam conosco* — respondeu Lindinho.

— *Vocês já tentaram conversar com os outros?* — indagou Lucas.

— *Não* — respondeu Gervásio —, *para não sermos repelidos. Você sabe quem somos?*

— *Mortos, como eu* — respondeu Lucas, rindo.

Os dois riram também.

— *Aqui somos todos mortos!* — exclamou Gervásio. — *Vivi vinte e três anos no hospital e lá nunca ouvi de um dos nossos colegas que era morto. Você é incrível!*

— *Sabemos que morremos* — disse Lindinho. — A *dona Maura nos explicou que somos agora os sem-carne...*

— *Desencamados* — interrompeu Gervásio.

— *Não é isto que ela falou, mas é parecido* — afirmou Lindinho.

— *Desencarnados* — corrigiu Lucas.

— *É isto mesmo* — concordou Gervásio. — *Sabe por que ele se chama Lindinho? É porque costumava chamar a todos* de lindinho ou lindinha. E aí o apelido pegou. Somos doentes e ficamos, quando vivos, num hospital de psicos.

— Gervásio, fale direito — pediu Lindinho. — O que o lindo do Lucas irá pensar? A dona Maura já não nos disse que estamos ainda vivos? E não é psicos, é psiquiátrico. Você também esteve num hospital? Vestido assim, julga ser quem? — perguntou a Lucas.

— Um idiota, creio! — respondeu Lucas suspirando.

Os dois se comoveram, Lucas se olhou e a resposta foi sincera, naquele momento sentiu-se ridículo. Gervásio falou:

— Tudo bem, seremos seus amigos! Não fique triste.

— Obrigado! Amigos, então.

Lucas estendeu a mão e os dois apertaram, ele foi buscar um café, os três tomaram e conversaram por minutos sobre o tempo, alimentos, até que ele indagou:

— Como é viver num sanatório?

— Não vivemos num sanatório — respondeu Gervásio. — Não era assim que chamava. Nem sei o que é sanatório. Vivemos num Hospital Psiquiátrico Judicial, algo assim, o lugar tinha um nome comprido. Nós dois fomos internos lá. Saímos da carne perto um do outro. É o que acho. Lembro da morte de Lindinho, depois acordei aqui, com ele no leito ao lado.

— O tratamento que recebemos aqui — falou Lindinho — está fazendo efeito. Somos bem tratados. Temos ido à parte de baixo e recebemos uma medicação especial.

— Lindinho, explique para ele de modo correto — pediu Gervásio. — Assim, quando ele for receber o tratamento, não sentirá medo. Lucas, não precisa ter receio, logo você deixará de ser idiota.

Lucas pensou que os dois estavam achando que ele fora também um doente mental. Não desmentiu, suspirou e expressou alto sua conclusão:

— De médico e louco, todos nós temos um pouco!

— *Frase sábia!* — concordou Lindinho. — *Você não precisa sentir medo. Nunca gostei tanto de um tratamento como este. Temos nos alimentado bem. Como bolo de fubá todos os dias, é o meu prato preferido. Não tomamos mais injeções. Não nos dói mais nada. Se sinto alguma dor, falo com dona Maura, ela passa as mãos e sara. Este tratamento que fazemos lá na parte de baixo é assim: sentamos, escutamos, ficamos quietinhos e eles nos dão um remédio que recebemos como luzes. Tenho melhorado.*

— *É verdade* — afirmou Gervásio. — *Por isso não deve ficar com medo. Falaram-me que quando eu morresse, por ter matado, iria para o Inferno. Era mentira! Morri, descarnici , isto aí que falou, e estou aqui, num lugar muito agradável e sarando. O médico me disse que nunca ia sarar, ele também se enganou.*

— *Eu desencarnei de repente* — contou Lucas —, *meu coração parou.*

— *Eu nem sei* — contou Gervásio. — *Senti muitas dores, disto lembro perfeitamente, tomei injeções doídas e acordei aqui, do lado do Lindinho. Eu sei como ele morreu* — referiu-se ao companheiro.

— *Foi tudo muito confuso* — falou Lindinho. — *Estava molhado e fui me secar. Sufoquei-me e acordei aqui.*

— *Ele amarrou uma calça na porta alta e no pescoço* — contou Gervásio.

Lucas se esforçou para não demonstrar admiração. Os três ficaram em silêncio por momentos. Lucas, querendo conversar mais, indagou:

— *Por que vocês foram morar lá? No hospital?*

— *Eu matei...* — respondeu Gervásio e perguntou: — *Você não fica com medo?*

Lucas pensou que todos tinham suas histórias e que algumas eram realmente tristes, os olhou com carinho e respondeu:

— *Não, amigos, não tenho medo, como vocês não tiveram de mim.*

— *Não se aborreça, companheiro* — aconselhou Gervásio. — *Nós dois já nos acostumamos com o preconceito. As pessoas nos temem. E elas têm razão. Matamos. Mas não fomos para o Inferno!*

— *Deus é bom! Perdoa-nos!* — exclamou Lucas.

— *Deve ter nos perdoado, mas houve o castigo* — concluiu Lindinho.

— *Pare com isto, Lindinho* — pediu Gervásio. — *Não passe medo no Lucas. Coitado! Ele com certeza irá demorar a entender. Deus perdoa, mas os atos têm consequências, entendeu? É assim que funciona: você fez algo maldoso, e a maldade fica em você, e, para sair, somente sofrendo.*

— *Não fala difícil, Gervásio, não está vendo que o coitado do lindinho do Lucas está admirado?*

— *Não precisa ficar assim* — rogou Gervásio. — *Não se preocupe, aqui não receberá castigos, não tomará injeções e, qualquer coisa que o incomodar, é só falar com dona Maura. Eu morei no hospital, fui levado para lá amarrado porque fiquei doente, louco mesmo. Não sei por que fiz uma ação ruim e não me lembro direito o que aconteceu. Matei um primo de minha esposa. Morava numa vila com várias casas, ele também residia ali. Não havia motivos para querê-lo mal. Ele era casado, pai de dois meninos, como eu, e tinha uma filhinha de dois anos. Naquela tarde, havia bebido e, ao ir para meu lar, encontrei com ele, que amolava facas de cozinha para sua esposa. Dizem que eu surtei e o matei, peguei uma faca e lhe dei doze facadas. Somente me lembro que ouvia uma frase: "Mate-o! Mate-o! Ele é assassino e irá te matar!". Fui internado! Que horror! Não lembrava de muita coisa. Tomava remédios fortes. Minha mãe morreu logo depois, e a família me abandonou. Minha esposa* ficou com medo de mim, nunca mais a vi e nem a minha filha. Depois de cinco anos, um guarda veio trazer um doente no hospital, observei-o e, de repente, me deu um branco. Disseram que eu peguei o revólver dele e atirei três vezes. O pobre homem morreu. Então, não saí mais daquele lugar, minha prisão, fiquei lá até desencarnar.

Silêncio novamente. Lucas sorriu para ele e disse, consolando-o:

— *Isto passou, ficou para trás. O importante é que está aqui, irá se curar, e a vida continua.*

— *Tomara que tenha razão. Mas eu matei, entende? Não sei por que os matei. Meu colega também tem sua história. Conta para ele, Lindinho.*

— *Eu, na adolescência, fiquei atrapalhado, doente, biruta, louco. Minha mãe, embora fôssemos pobres, me levou a médicos e eu tomava remédios. Meus irmãos, três, casaram-se. Meu pai foi embora, nos deixou quando éramos pequenos. Morávamos numa casinha, barraco, mamãe e eu. Ela era muito boa comigo. Um dia a matei. Foi assim, estava me sentindo aterrorizado, fui para o quarto, e mamãe, como sempre, foi atrás para perguntar se precisava de alguma coisa, corri à cozinha, peguei uma faca, voltei ao quarto e a matei. Que tristeza! Matei alguém que me queria bem, a única pessoa que me amava, que cuidava de mim. Fui levado para o hospital e lá fiquei. Quando morri, estava diferente, tinha outra aparência, agora estou com aspecto melhor. Estava muito magro, doente, sem dentes e não enxergava direito. Dona Maura me deu os dentes, não é dentadura, ela os colocou. Estão bonitos, não estão?*

Lindinho sorriu, mostrando os dentes. De fato, todos os dentes estavam sadios, claros e bonitos.

— *Estão sim* — concordou Lucas.

— *Você os tem? Tem os dentes?* — perguntou Gervásio.

Lucas tinha os dentes, mas desgastados pela idade. Respondeu:

— *Tenho!*

— *Que bom vê-los juntos e conversando* — interrompeu o senhor Silvano. — *Lindinho e Gervásio, é hora de irmos para o tratamento.*

— *Ele não pode ir?* — perguntou Lindinho, apontando para Lucas.

— *Hoje não* — respondeu o senhor Silvano. — *Vamos, senão nos atrasaremos!*

Os dois se despediram com um até logo e saíram contentes com o senhor Silvano, desceram as escadas conversando e se dirigiram para o centro espírita. Lucas ficou muito curioso, quis saber o que de fato ocorrera com aqueles dois e se era verdade o que eles contavam. Tinha visto Maura nos quartos dos enfermos.

"Vou *ajudá-la para que ela possa me esclarecer sobre estes dois*", pensou ele.

E rápido dirigiu-se à ala dos quartos. Encontrou Maura cuidando dos enfermos.

— *Vim auxiliá-la* — falou ele —, *enquanto a ajudo, você não poderia me esclarecer um assunto?*

— *O assunto é agradável? Não?* — Com a negação dele, Maura continuou falando: — *Então me ajude, depois conversaremos.*

Lucas estava muito curioso, mas entendeu e acatou. No começo, um tanto contrariado, pois sempre quis tudo na hora. Depois, se distraiu com o trabalho. Ajudou Maura, pegou objetos para ela, levantou enfermos, deu até suco para eles. Acabaram, Maura o convidou a sair, sentou-se num banco no corredor, pediu para que Lucas se sentasse também e explicou:

— No *quarto deles, cuidando dos enfermos, não é aconselhável falar de problemas ou assuntos que não tragam otimismo e tranquilidade. Porque eles são sensíveis, estão com muitas dificuldades e não é bom falar de tristezas. O que lhe afligiu para me procurar?*

— *Desculpe-me* — pediu Lucas. — *Tudo tem hora certa. Você está muito ocupada.*

— *Você me ajudou e eu me adiantei. Pode perguntar.*

— *Conversei com Lindinho e Gervásio no refeitório. É verdade o que eles me contaram? Foram assassinos? Lindinho se suicidou?*

— *Ainda bem que você disse: foram!* — exclamou Maura. — *Este ato ficou para trás. Mataram realmente. Tudo é verdade. De fato, Lindinho matou seu corpo físico, mas não se suicidou, porque aqueles que se suicidam são levados para outros locais.*

— *Não entendi* — falou Lucas com sinceridade. — *Poderia me explicar? Ele se matou, mas não se suicidou?*

— *Vou explicar. Suicida, para mim, é aquele que planejou e matou seu corpo físico mais ou menos consciente do ato que fez. Digo mais ou menos, porque creio que ninguém faz esta ação em total consciência. Muitos matam seus veículos carnais sem saber de fato o que estão fazendo. Lindinho estava molhado e foi se secar.*

— *Continuo não entendendo!* — exclamou ele.

— *Ele não quis morrer* — Maura continuou esclarecendo-o —, *em sua mente não passou a ideia de suicídio, pensou realmente em se secar, foi influenciado para fazer este ato. Lindinho, em existência anterior a essa, agiu muito errado, assassinou pessoas, desencarnou, foi perseguido e muito maltratado por suas vítimas. Arrependeu-se, porém seu remorso foi destrutivo. Sua mãe foi, no passado, sua comparsa de crimes. Lindinho, com o perispírito doente, reencarnou e, na adolescência, ficou enfermo. Ele também foi obsediado. A mãe dele estava atrapalhando os obsessores. Ela sofreu muito, o marido abandonou-a com quatro filhos pequenos, trabalhou muito e estava pensando em procurar auxílio espiritual para o filho. Os obsessores influenciaram-no para matá-la. Ficaram contentes porque Lindinho foi para um hospital judiciário, foi abandonado pelos irmãos e ficou sem aquela, a mãe, que cuidava dele. Mas Lindinho queria se redimir, mesmo doente; no hospital, era companheiro, ajudava a todos, tentava alegrar os amigos. Os obsessores, então, erroneamente fizeram com que se matasse. Ele estava molhado, tomara banho, não tinha toalha. Então ele foi se secar, pendurado como uma roupa. Pegou uma calça, amarrou uma perna na grade da porta, a outra no pescoço e pulou. Encarnado, ele sofreu muito no hospital: de solidão, tratamentos dolorosos; passou fome, frio; teve outras doenças, e desencarnados bondosos que trabalham nesse hospital desligaram seu espírito da matéria morta e trouxeram-no para cá. Aqui, ele ficou no quarto como aqueles enfermos dos quais me ajudou a cuidar.*

— Ele me falou que não tinha dentes e que você os colocou — disse Lucas.

— De fato, Lindinho estava muito debilitado quando desencarnou, o tratamento a que foi submetido quando encarnado tem muitos efeitos colaterais e ele realmente não tinha dentes. Não é difícil aqui na espiritualidade fazer um desencarnado ter dentes novamente, enxergar melhor, isto se ele não sentir reflexo muito forte do seu corpo físico. Os dois, ao acordarem aqui, não sentiram mais as doenças que tiveram; as psíquicas levarão um tempo ainda para serem superadas. Eles continuam aqui no posto porque estão recebendo fluidos dos encarnados, um tratamento de doação. Quando estiverem melhores irão para a colônia e lá, se quiserem, irão aprender a ser úteis.

— Agora os obsessores dele o perdoaram? — quis Lucas saber.

— Espero que sim. Talvez não tenham perdoado, pois pensaram que ele iria sofrer mais porque se matou, mas, para o mesmo acontecimento, reações diferentes. Ele foi socorrido, e

estes obsessores, sim, fizeram uma ação maldosa. Por isso não o viram mais e nem ficarão sabendo de Lindinho, que não foi considerado suicida.

— Lindinho e Gervásio, ao saberem de tudo que fizeram, não sentirão remorso?

— O tratamento — respondeu Maura, esclarecendo-o — que Silvano está fazendo com eles cuida bem desta parte, de não deixá-los sentir remorso destrutivo. Os dois já pagaram pelo que fizeram, então fica mais fácil levá-los a se arrepender e a planejar viver bem e para o bem.

— Gervásio assassinou duas pessoas?

— Ele tirou a vida física de quatro pessoas. De duas ele não se lembra mesmo. Depois de ter matado o primo de sua esposa, ele assassinou duas senhoras, suas vizinhas. Gervásio foi um assassino de aluguel em sua outra vida. Este primo, que foi morto por ele, foi seu companheiro na existência passada, assassino também, desentenderam-se e tornaram-se inimigos. Nesta, Gervásio achou que ia ser morto por ele e o matou. Também foi influenciado, os obsessores queriam castigar os dois. Porém, nesta existência, Gervásio queria se regenerar, matou sem ter consciência do que fazia e foi para o hospital, ficou preso, pagou por estes e pelos crimes cometidos anteriormente. Gervásio sofreu muito, a esposa e familiares o abandonaram, ele recebeu inúmeros castigos quando assassinou o policial. O tratamento foi doloroso, ele teve câncer e sentiu muitas dores. Também sofreu obsessão, porém, quando foi para o hospital, suas vítimas, achando que ele estava sendo castigado, que haviam sido vingadas, o deixaram. Foi um obsessor do policial que mandou Gervásio matá-lo. Acostumado no umbral a obedecer ou ser castigado, ele obedeceu a um espírito que nem era seu obsessor, o fez sem raciocinar, sem conseguir entender a ordem recebida.

— *Como um obsessor consegue fazer isto com o obsediado? Como consegue mandar deste modo? É inacreditável o que um espírito pode fazer com o outro!* — expressou Lucas admirado.

— *Os fatores tendência e afinidade influem muito em obsessões* — explicou Maura. — *Se eu estivesse encarnada e fosse obsediada por um desencarnado, nunca iria conseguir que eu matasse alguém. Poderiam me dar desânimo, tristeza, fazer me sentir doente. A outros, dependendo de suas tendências, sentir-se ofendido por qualquer motivo; a outros, brigar, caluniar, beber etc. Com Gervásio e Lindinho, pelo passado que tiveram, isto foi possível, sentiram as ressonâncias de seus erros não reparados ou resgatados. Os dois ficaram, antes de reencarnar, muito tempo no umbral, lá foram maltratados, feitos de escravos e acabaram por se acostumar a obedecer. Usaram os obsessores de suas tendências. Se não fosse por elas, estes desencarnados não iriam conseguir que eles, nesta última encarnação, matassem novamente, e os fariam sofrer de outro modo. Esses espíritos que não perdoaram acharam que eles, matando alguém nesta existência, pagariam por tudo que fizeram no passado, e tinham razão, os dois pagaram. Pensando nisso, os vingadores que perseguiram Lindinho o influenciaram a se matar, porém, como ele não queria se suicidar, e por ter resgatado pelo sofrimento seus erros, foi socorrido, e seus obsessores não o viram mais.*

— *Como ficarão estes espíritos obsessores?* — perguntou Lucas, curioso.

— *A recomendação de perdoar foi ignorada. O perdão nos traz tranquilidade e nos ajuda a nos equilibrar. Pelo livre-arbítrio, eles optaram por não perdoar e, pior, por se vingar. Deixaram, com esta atitude, de viver a vida, aproveitando as oportunidades. Focaram num objetivo ruim que não lhes trouxe nada de bom e que trará muitas infelicidades. A ação da vingança* requer uma reação de padecimento. Eles responderão pelos crimes que influenciaram, neste caso, os que Gervásio e Lindinho cometeram. É por isto que, no tratamento que recebem, eles não recordaram o passado e somente saberão que foram obsediados quando estiverem aptos para saber. Mesmo assim, poderão se revoltar, partir para a desforra e ir atrás dos obsessores querendo vingança. E, se os encontrarem reencarnados, eles os obsediarão. Tenho visto atitudes assim durarem por séculos.

— Você acha que Gervásio e Lindinho podem fazer isto? O que acontecerá com os dois amigos?

— Espero que não — respondeu Maura. — Eles estão tendo aulas do Evangelho , focando muito o perdão, que necessitam do perdão e de perdoar. Eles querem se curar. Creio que logo estarão aptos para estudar e trabalhar. Plantando o bem, a colheita dará bons frutos que primeiro os alimentará e, com certeza, eles irão gostar da tranquilidade que desfrutarão e irão querer se reconciliar com seus inimigos os perdoando e pedindo perdão. Maldades nos marcam, desequilibram, adoecem nosso perispírito, que transmite, ao reencarnar, enfermidades ao corpo físico, que pelo nosso livre-arbítrio podem ser sanadas ou aumentadas. No caso destes dois, embora ambos tenham assassinado, eles pagaram pelos vários padecimentos, porque doentes mentais sofrem muito mais do que imaginamos.

— E por que eles sofreram tanto se não foram tão culpados?

— Para entender isto, lembro que Jesus na cruz rogou a Deus pelos seus carrascos, dizendo: "Pai, perdoa-os , porque eles não sabem o que fazem."[1] Mesmo não sabendo, sem consciência total do erro que estavam cometendo, o erro existiu, senão Jesus não teria feito este pedido para Deus perdoá-los. Porém, os dois, Gervásio e Lindinho, não eram inocentes. Se eles não

---

1 N.A.E.: Lc, 23: 34.

tivessem cometido erros no passado que não foram reparados, não sofreriam agora.

— Entendi, ou acho que entendi. Se uma pessoa assassina alguém, vai preso pelo seu crime, arrepende-se, resgatou sua dívida. Outro mata e não é preso, não pagou sua dívida e um dia lhe será cobrado.

— O assunto é muito abrangente, mas é mais ou menos isto. O importante é os dois, e todos nós, não nos afinarmos mais com o mal, apenas com o bem.

— Agradeço-a pelas valiosas explicações. Vou ajudá-la mais um pouco — determinou Lucas.

— De nada, gosto de esclarecer nossos abrigados — respondeu Maura. — Você não deve se cansar, mas, se quiser ajudar, fará somente mais um pouquinho.

Lucas foi auxiliá-la, mas logo se cansou. Porém, achando que atrasara Maura por conversar com ele, quis ficar mais.

— Agora chega, Lucas — ordenou ela —, vá ao refeitório, tome um caldo e depois volte ao quarto para descansar.

Ele obedeceu, tomou um caldo saboroso e foi para o quarto, pensando em descansar por horas e assistir, se possível, ao trabalho no centro espírita à noite. Mas dormiu muito.

CAPÍTULO 14

O CRAVO NA LAPELA

No outro dia, foi acordado por Maura.

— *Lucas, levante e se prepare, Juliano me informou que virá buscá-lo às onze horas.*

— *Nossa, são dez horas e trinta minutos. Dormi muito!* — exclamou ele.

— *Descansou, depois de tantas emoções.*

Lucas levantou-se rápido, se trocou, desceu ao refeitório, se alimentou, e, às onze horas em ponto, Juliano entrou, sorridente, cumprimentando a todos. Aproximou-se dele e convidou:

— *Nós dois vamos sair, mas antes venha comigo ao salão dos encarnados.*

Desceram ao salão onde ele assistira à palestra, estava vazio naquela hora.

— *Juliano, você não sabe como é interessante ver uma reunião de encarnados e desencarnados, eu...*

Lucas não continuou, lembrou que seu amigo certamente sabia muito bem como eram essas reuniões e se ele o chamara ali era porque tinha algo para lhe falar. Aquietou-se e, não esperou muito, Juliano falou:

— *O cravo que usa deve ter algum motivo, não é? Algo que ficou sem resolver? Antes de ir para uma colônia, onde estudará, trabalhará e aprenderá a ser útil com conhecimentos, você não quer resolver este assunto?*

— *Precisarei estudar? Você está resolvendo por mim?*

— *Não, amigo, não resolvo por você. Peço-lhe desculpas por ter dado esta impressão. Você tem livre-arbítrio. Quando encarnado resolvia por si, e agora não será diferente.*

— *Não precisa se desculpar* — interrompeu Lucas. — *Você está me facilitando a vida, orientando-me. Quero estudar, aprender a viver desencarnado e a ser útil com conhecimento. Você sabe por que uso o cravo?*

— *Educo-me para não ser invasivo nem indiscreto. Quando você foi pela primeira vez ao orfanato, vi-o com o cravo na lapela. Muitas vezes ia dar aula às nossas crianças, chegava de terno, trocava de roupa e, para voltar a sua casa, colocava o paletó.*

— *Acho que fui motivo de riso.*

— *No orfanato, no começo, sim* — respondeu Juliano —, *depois se acostumaram. Você ia principalmente às quintas-feiras e aos sábados. Se você quiser me contar, escutarei com prazer e, se for possível, vou ajudá-lo.*

"Talvez Izildinha esteja desencarnada e Juliano poderá saber dela. Acho que este é o momento de poder resolver este assunto de vez", Lucas pensou.

— *Fui um bom filho* — ele falou devagar —, *cuidei de meu pai, que ficou doente, por anos; ele morreu e fiquei morando com mamãe, que estava sempre adoentada. Estudava, trabalhava, tive algumas namoradas sem importância, dizia que não tinha tempo, mas era porque não havia me encantado com nenhuma moça. Fiz um curso técnico e trabalhava numa fábrica. Estava com vinte e quatro anos quando fui num baile em que, por brincadeira, os rapazes teriam de ir de terno com um cravo na lapela, e as moças de roupa branca. Foi um sucesso e conheci Izilda, a minha doce e querida Izildinha. Apaixonei-me por ela assim que a vi, ficamos juntos no baile e marcamos encontro para o outro dia. Passamos a namorar, encontrávamo-nos às quintas-feiras e aos sábados sempre em determinado local, às sete horas da noite. E para ir a esses encontros tinha que, na quinta-feira, entrar mais cedo no trabalho para sair no horário de encontrá-la e faltar ao curso no sábado à tarde, além de deixar nestas noites minha mãe sozinha. Izildinha não falava de si, nem onde morava. Uma vez tentei segui-la, mas acabei perdendo-a. Amava-a, queria conhecer seus pais, levá-la para conhecer minha família, mas ela se esquivava. Como ela ameaçou terminar se insistisse neste assunto, cedi e me conformei, com medo de perdê-la. Num sábado, ela não apareceu ao encontro, sofri muito, com medo de não vê-la mais. Fazia sete meses que namorávamos assim, encontrando-nos nestes dois dias. Na quinta-feira conversei sério com ela, disse que a amava e que queria casar. Izilda me respondeu que me amava também, mas não queria um marido pobre, não queria mais tomar ônibus, almejava ter roupas caras. Pensei que ela estava brincando comigo. Duas semanas depois, despediu-se de mim. Jurou que me amaria para sempre, disse que ia mudar com a família de cidade. Desesperei-me. Então Izilda prometeu voltar, me procurar e disse que, quando me encontrasse, queria me ver como me conheceu, com um cravo na lapela. Quis ir com ela, entrei no ônibus, ela desceu nervosa e prometeu voltar no sábado para conversarmos. Foi embora e eu nunca mais a vi.*

Lucas fez uma pausa para chorar de saudades. Vendo Juliano atento, continuou:

— Fui muitas vezes às quintas-feiras e sábados ao local em que nos encontrávamos, porém nunca mais a vi. Resolvi investigar, pegando o ônibus que Izilda pegava, perguntei muito, o cobrador e o motorista lembraram do ponto em que ela parava. Foram muitos sábados e domingos que andei pela redondeza do ponto em que ela descia. Até que um senhor me deu uma informação. Não quis acreditar, Izildinha morava num local muito pobre, casa velha, e os vizinhos me confirmaram que ali morava um casal com três filhos e duas filhas e que uma se chamava Izilda e a outra, Izolda. Que mudaram e não deixaram endereço com ninguém e, pelos comentários, foram embora quase fugidos, porque deviam muito: no armazém, em bares, quitandas e para vizinhos. Uma senhora que parecia ser mais conhecida deles, vizinha do lado, me disse que ficou sabendo que uma das moças morrera logo que mudaram e que a outra ia se casar com um homem rico que possuía até um carro. Insisti, dei até dinheiro a esta senhora. Ela disse que confundia as irmãs, mas achava que era Izilda a noiva e que o noivo viajava às quintas-feiras e sábados por trabalho. Não consegui saber de mais nada. Sofri muito. Apaixonado, continuei indo às quintas-feiras e aos sábados no local em que nos encontrávamos, e muitas

vezes voltei a onde ela morava, mas ali ninguém sabia deles, e ela não apareceu.

Lucas se calou, Juliano, atento, pediu:

— E depois, o que aconteceu? Conte-me tudo, quero realmente saber.

— Resolvi me dedicar ao estudo técnico, trabalhar muito e obtive resultado, fui promovido muitas vezes, ganhava bem. Fui um filho dedicado, mamãe tinha empregada, fazia o que queria. Ela desencarnou e, para não ter brigas, abdiquei da parte da casa dos meus pais a que eu tinha direito em benefício dos meus irmãos, que a venderam, comprei aquela que você conhece e me mudei. Com medo de que Izilda, que sabia meu endereço, pudesse me escrever ou me procurar, pedi para os vizinhos, todos amigos, me avisarem se alguém me procurasse e para o novo morador de minha antiga casa guardar as correspondências. Pensei muito e concluí que talvez fosse Izilda que tivesse morrido, ou teria me procurado. Mas sentia que ela se casara, o noivo viajava nos dias em que nos encontrávamos. Não fui mais ao lugar onde ela morava, lá ninguém sabia mesmo de nada, e continuei ainda indo aonde nos encontrávamos. Mas fui rareando as idas. Anos se passaram, eu comprei aquele anel imaginando que um dia daria para minha amada. Comprei mais uma casa, o barracão da oficina, construí duas casas, todas bem melhores do que aquela em que morava.

Lucas suspirou, as lembranças pareciam recentes, estava triste. Juliano continuava atento, olhava-o com carinho. Ele resolveu terminar de contar sua vida.

— Tive namoradas, algumas tentei amar, o namoro mais sério foi com uma colega de trabalho, a Lourdes, ela era viúva, tinha três filhos. Embora não a amasse, ficamos juntos por um tempo. Fechei minha casa e fui morar com ela, gostava de seus

filhos, e eles, de mim. Porém, não conseguia esquecer Izilda nem amar Lourdes, e nos separamos. Foi um alívio voltar para minha casa. Tempos depois, namorei firme Inês, pessoa muito boa que logo compreendeu que escondia um amor, acabei contando a ela, que me sugeriu contratar um bom detetive. Foi o que fiz. Ele infelizmente somente descobriu que fora Izolda que desencarnara, porque achou um registro com o nome dela num cemitério, e a data coincidia com a que aquela senhora me dissera. As pessoas que trabalhavam no cemitério disseram que nunca ninguém havia procurado por este nome e não lembravam de ninguém visitar aquele túmulo.

— Você ficou com Inês? — perguntou Juliano, interrompendo o silêncio de Lucas, que fez nova pausa.

— Inês era solteira, morava com a mãe, com dois sobrinhos, filhos de sua irmã, e com o filho adotivo, que, nesta época, estava com vinte anos, já trabalhava, era um jovem ajuizado e bondoso. Gostava dela como amiga, ela compreendeu isto e não me cobrava nada. Inês ficou doente, teve câncer, sofreu muito e eu a ajudei, até em sua casa dormia, isto para cuidar dela à noite. Esta amiga sofreu resignada, paguei seu tratamento e me endividei. Um dia, ela me disse: "Você me fez feliz, eu o amo, embora sabendo que não esqueceu Izilda. Agradeço-lhe muito por tudo que está fazendo por mim. Deus lhe pague! Continue, amigo, com seu trabalho no orfanato. Acredito que, ao fazer o bem aos outros, fazemos a nós. Sinto muitas dores, mas são somente do meu corpo carnal. Quando partir, em espírito, estarei livre, e minha consciência, em paz. Vou lhe dar um presente. Aqueles livros que gostava de ler, pedi para mamãe embrulhá-los. Leve-os para sua casa e leia-os um dia". Levei-os, mas nem abri o pacote, dividia meu tempo entre o trabalho e cuidar de Inês. Estava cansado. Depois de uma noite em que ela passou muito *mal, me pediu: "Vá, Lucas, descansar e amanhã não venha, por favor. Amo-o, querido, e que Deus o abençoe." Era domingo, fui para casa e à tarde Inês desencarnou. Entendi que ela, pressentindo que ia partir, não me quis perto. Descansei por uns dois meses e aí resolvi abrir os livros, eram obras espíritas, comecei a lê-los. Fui à minha antiga casa, fazia tempo que não ia, nada de correspondência. Fui ao local dos encontros, nada. Anos tinham se passado, minha aparência mudara e, na ilusão de que Izilda voltasse e não me reconhecesse, passei a usar mais ternos, principalmente às quintas-feiras e sábados, e a colocar um cravo na lapela. Decidi não tentar mais esquecer Izildinha e imaginei muitas coisas: que a família, endividada, tivera de sair fugida; que ela fora obrigada a casar; ou até mesmo que fora ela que morrera; ou que um dia, como prometera, voltaria a me procurar. Voltei a fazer o trabalho voluntário no orfanato, me organizei, passava as tardes de sábado e domingo com eles, também ia em várias tardes, e, para isto, fazia meu trabalho mais cedo. Fiz a oficina, ensinava trabalhos de consertos elétricos, de encanamentos e marcenaria. Aposentei-me, e aí passei a ir todos os dias, comprava tudo de que a oficina necessitava. Minhas despesas eram poucas, guardava dinheiro para dar de presente aos familiares e o restante ia para os meus jovens. Na oficina consertava todos os aparelhos elétricos da vizinhança. Achei que não ia rever mais Izilda, deixei de ir à minha antiga casa e ao local dos encontros e não quis arrumar mais ninguém. Estava velho, com muitas manias, gostava da minha rotina. E os anos passaram...*

— Está explicado — falou Juliano — o porquê de não gostar que interferissem em sua vida. Por ser criticado por usar ternos e cravos, por viver sozinho, não gostar de visitas, ouvia muitos palpites e retrucava às críticas, principalmente as dos vizinhos.

— Não deveria ter feito isto. Se vivi como queria, deveria entender que os outros também agem como querem! — exclamou Lucas.

— Devemos — Juliano elucidou-o — viver como queremos, mas, se não fizermos o bem, não receberemos nada de bom. Podemos sim dar conselhos, advertir, orientar aqueles a quem devemos por obrigação e aqueles que nos pedem ajuda. Não é porque se recebem críticas que temos, por nossa vez, de criticar. Devemos entender que nem tudo o que fazemos agrada ou agradará a todos. Quando eu estava encarnado, recebi muitas críticas, uns achavam que deveria fazer mais pelo orfanato, outros que deveria clinicar somente mediante pagamento, alguns que eu agia certo, outros que estava abandonando minha família para cuidar dos órfãos. Um dia, após uma crítica pesada que senti muito, chorei e orei. Estava orando quando meu filho de onze anos veio até mim com um livro e me disse: "Papai, veja que interessante esta história". Olhei o livro, era de Monteiro Lobato, a parte mostrada era o conto: "O velho, o menino e o burro". Ele leu para mim. Emocionei-me, beijei-o e o agradeci. Mas meu filho me fez muito mais do que um agrado, acho que ele foi instrumento da resposta de minhas orações. A história era a de um senhor com o neto que ia levar um burro para ser vendido na feira. Para obter melhor preço, lavaram-no, escovaram-no e, para que ficasse descansado, os dois foram puxando o animal. As pessoas que cruzaram com eles os chamaram de tolos. Então, o velho montou: novas críticas, achavam que o senhor abusava do menino. O garoto foi para a garupa, um grupo horrorizou-se com pena do burrico. O velho desceu, outras pessoas criticaram o garoto pelo senhor estar andando. No final da história, o velho entendeu que nunca iria agradar a todos, que não deveria ouvir opiniões e, como no começo, como decidira, ele e o neto puxaram o burro até a feira. Então, não dei mais atenção às críticas, evitei criticar e vivi em paz.

— Por que o criticavam tanto? — perguntou Lucas.

— Se você faz alguma coisa é criticado, se não faz é mais ainda. Recebi críticas pela maneira como vivi, por fazer, por acharem que não fazia o suficiente etc. Fui rico porque recebi herança de meus pais como também minha esposa era rica. Foram poucas vezes que usei deste dinheiro para doação, vivíamos com estas rendas. Nada recebia do meu trabalho dedicado à medicina. Pude fazer isto! Não precisei do meu salário para sobreviver. Voluntariamente me desapeguei de bens materiais. Se não tivesse casado nem tivesse filhos, teria doado tudo aos meus pacientes pobres e ao orfanato, teria ficado somente com pouco para minha manutenção física.

Juliano fez uma pausa, suspirou. Lucas entendeu que lembranças nos causam emoções.

— Trabalhando entre encarnados — o médico amigo continuou falando —, posso ver sempre meus familiares, amo-os, tenho saudades deles. Meus filhos já estão velhos, tenho netos e bisnetos. Minha esposa, grande amiga, desencarnou dez anos depois de minha mudança de plano, pude socorrê-la, ela atualmente mora em outra colônia, faz um belo trabalho, nos vemos sempre. Agindo como agi encarnado, acabei sendo um milionário espiritual. Não fui apegado a riquezas. Quando desencarnei, não tinha um centavo, e isso não me fez falta, tinha passado tudo para meus filhos. Voltei à pátria espiritual acompanhado com sinceros "Deus lhe pague e muito obrigado" e contente por ter vencido a prova da ganância. Aprendi a me desapegar, a amar todos como irmãos que somos, a dar valor a tudo que nos é emprestado por Deus e a ter profunda compreensão de que nada nos pertence, embora possamos usufruir sem abusar.

Sempre gostei de ler e meditar nas lições evangélicas e a minha preferida está nas "Bem-aventuranças" do Sermão da Montanha, no Evangelho de Mateus.[1] Bem-aventurados os pobres pelo espírito e não pobres de espírito, porque, se assim fosse, Jesus seria excluído, Ele que foi o mais sábio ser que encarnou na Terra. Acredito que Jesus chamou de felizes os que, por escolha, pelo seu livre-arbítrio, desprenderam-se de tudo o que a matéria física oferece. Você não foi ligado às suas propriedades, mas ficou indeciso por alguns objetos. Se entender melhor, não sentirá por eles. Podemos pensar que ser desapegado é virtude, mas para mim é muito mais, é ter compreensão de verdade.

Os dois ficaram em silêncio por instantes, e Juliano voltou a falar:

— *Nada como começar a vida nova sem problemas. Estão servindo o almoço no refeitório. Vá se alimentar, voltarei logo.*

E saiu, Lucas se sentiu aliviado por ter contado tudo e por não ter ouvido: "Tolo! Amar assim uma pessoa!" Foi ao refeitório, alimentou-se, conversou um pouco e, como Juliano prometera, no horário combinado, ele entrou na sala. Todos queriam cumprimentá-lo. Após responder a todos, ele aproximou-se de Lucas e comunicou:

— *Vamos sair, amigo, você irá a um local comigo.*

Desceram as escadas, passaram por uma porta. Na calçada, Juliano deu as mãos para Lucas, que as apertou, e volitaram devagar por cima dos prédios. Dirigiram-se à periferia, pararam perto de uma favela. O médico explicou:

— *Nesta casa mora uma pessoa que gostaria que visse.*

"Será Izildinha?", pensou apreensivo.

— *Sim, aqui mora Izilda* — afirmou seu guia orientador.

---

1 N.A.E.: Mt, 5:1 a 12.

— Como? Ela não morreu, ou desencarnou? Morava na mesma cidade! Como entender isto?

— Amigo — disse Juliano carinhosamente —, *achei melhor você saber de tudo, desvincular-se do passado, entender o que aconteceu. Mas, se você não quiser, não entraremos e voltaremos ao posto.*

— *Quero sim, sempre quis revê-la.*

Lucas compreendeu pela expressão do amigo que ia se decepcionar.

"Mas quem não se decepciona na vida?", pensou.

Estavam parados em frente a uma casa e um bando de desencarnados desocupados, arruaceiros, passou por eles. Lucas se assustou e Juliano o tranquilizou:

— *Espíritos que não estão vibrando no bem conseguem somente ver desencarnados como eles ou encarnados. Este grupo não conseguiu nos ver por estarmos em diferente sintonia . Eles somente nos veriam se eu quisesse, mas, como agora não é o caso, pois viemos aqui por outro motivo, deixemos que o grupo siga e desejemos que eles não façam nenhuma maldade.*

— *No posto eles nos viram, um deles até fez careta para mim* — comentou Lucas.

— *Na varanda do posto eles viram abrigados que ainda não se adaptaram à espiritualidade e também não aprenderam a vibrar fora da faixa deles.*

— *Se eu não estivesse com você, eles teriam me visto.*

— *Com certeza, mas com o estudo que fará saberá se tornar invisível a eles.*

— *Outra fumaça de um fogo!* — exclamou Lucas e, vendo que Juliano não entendera, esclareceu: — *Existem muitas lendas de que pessoas se tornam invisíveis e, para tentar explicar este fato, falam de estranhas formas, capas etc. Acho que muitos viram esta possibilidade quando estavam desencarnados e, ao reencarnarem, recordam um pouquinho, de maneira confusa, e aí surgem as histórias.*

Juliano sorriu e convidou:

— *Vamos entrar?*

Lucas hesitava, conversara na tentativa de se acalmar, sentia que ia encontrar algo que não ia gostar de ver ou saber. Seguiu o amigo e, com ajuda dele, passou pelo portão. A casa era pequena, atravessaram um corredor estreito, defrontaram-se com uma pequena área, um quintal, e ali estava sentada, numa cadeira, uma mulher idosa. Lucas observou-a bem.

— *Nós envelhecemos na matéria* — explicou Juliano. — *Estranhamos sempre ao rever pessoas que há tempos não vemos porque guardamos a imagem delas da última vez que as encontramos.*

Lucas pensou que, se estivesse encarnado, o susto o teria feito desmaiar. Aquela senhora pouca coisa lembrava sua Izildinha. A mulher que via era magra, até um pouco suja, desleixada, cabelos tingidos pela metade, mas o que o impressionou era que ela fumava. Enquanto tentava ver algo que o fizesse lembrar a bela moça do passado, ela cuspiu de lado. Ele não conseguiu falar, ficou parado, olhando. Suspirou, tentou se acalmar e reconheceu-a, aquela mulher era a sua amada Izildinha. Reparou que se sentava como antigamente; nas suas mãos longas; nos olhos, nos lábios, embora mais finos, mas com o mesmo contorno; no nariz maior, mas com o mesmo formato. Sentiu muita vontade de chorar, mas se esforçou para não fazê-lo. Um gato passou perto dela e, por nada, ela o chutou e xingou:

— Gato nojento, suma daqui!

O animalzinho saiu rápido. Pelo jeito, era sempre maltratado por ela.

— *Não é possível!* — exclamou Lucas. — *Como pode ela ter se transformado numa pessoa tão estranha para mim? Nunca maltratei um animal!*

— *Quer ir embora?* — perguntou Juliano.

— *Não. Quero saber de tudo. Por favor, conte-me o que sabe sobre ela.*

— *Pesquisei para localizá-la, apelei até para a irmã desencarnada, Izolda, e foi ela, que mora numa colônia espiritual, que me informou onde encontrá-la. Pelo que Izolda me contou e por um espírito que está sempre aqui, o senhor Joanito, que foi pai de Izilda, sei alguma coisa. Quer mesmo saber?*

— *Sim, por favor* — pediu Lucas.

— *Quando desencarnou, fui encarregado de ser seu guia orientador, acompanhá-lo para que você visse seu velório e enterro, isto para que entendesse que, sendo crítico, podia escutar críticas. Também para que compreendesse que ajudar é necessário e que educamos melhor com exemplos. Julgar e criticar são atitudes que não agradam e que podemos, por elas, receber as reações. Quando você estava encarnado, via-o chegar ou ir embora do orfanato, às vezes de terno. Não sendo curioso e acostumado a ver desencarnados vestidos de muitas maneiras, sua vestimenta não me chamou atenção. Quando você desencarnou, senti que o cravo tinha um significado para você e resolvi investigar. Meu compromisso ontem foi para isto. Hoje, quis escutá-lo, saber de você o que aconteceu, e, quando o deixei no refeitório, vim ver se Izilda estava em casa, para trazê-lo aqui.*

Lucas escutava o amigo, porém olhava como que hipnotizado para aquela senhora.

"Não, definitivamente não posso amar esta pessoa", pensou.

— *Vamos ao orfanato, lá tenho meu cantinho e podemos conversar sossegados* — convidou Juliano.

Lucas estendeu as mãos para Juliano e volitaram. Pararam em cima do prédio do orfanato. Ali também havia outra construção, como no posto. Seu guia orientador puxou-o pela mão, desceram uma pequena escada até uma varanda onde havia várias portas, o médico abriu uma delas e entraram.

— *Aqui é meu gabinete, sala, um local onde guardo alguns pertences e recebo visitas, não o chamo de quarto porque não durmo há muitos anos.*

Na sala havia uma estante com muitos livros, uma escrivaninha, um sofá pequeno e duas poltronas. Juliano sentou-se numa e, com a mão, convidou Lucas a se sentar na outra. O médico, achando que era melhor seu amigo saber de tudo, contou:

— *Izolda era doente na época em que você conheceu Izilda. Sua amada tinha uma família complicada, com muitos problemas, na qual ninguém gostava de trabalhar e eles se especializaram em dar golpes, mudavam muito de casa e bairro, não faziam amizades com vizinhos e tinham sempre muitas dívidas. Izilda queria se casar com alguém rico e acabou namorando um empresário que a enganou, porque não era tão rico assim, mas possuía bens. Ela não gostava dele nem de ninguém. Conheceu você e o namoro foi um passatempo. Naquela época, tiveram que se mudar novamente, por não pagarem o aluguel. Izilda casou-se logo depois que vocês se separaram. A vida dela foi tumultuada, reações de seus próprios planos. Casou-se e não foi feliz, primeiro porque não amava o marido; depois, porque não tinha paciência com os filhos. Teve três filhos e, por último, o marido ficou pobre e acabaram se separando. Ela teve outros dois companheiros e o quarto é um senhor que mora atualmente com ela. Esse senhor é uma boa pessoa. Izilda está com ele para ser sustentada. Sinto em lhe dizer que ontem, ao visitá-la, esforcei-me para que ela se lembrasse de você, mas Izilda, com tantos problemas, não me atendeu. Os filhos lhe dão muito desgosto.*

— *Amei uma ilusão!* — exclamou Lucas, chorando.

— *Ilusão é um engano dos sentimentos ou da inteligência, é uma interpretação errada de um fato. Muitos de nós amamos numa pessoa um ser que imaginamos. Isto é comum em nós, principalmente quando encarnados. Conhecemos uma pessoa e colocamos nela tudo que queríamos que ela fosse, esquecendo que todos nós temos qualidades e defeitos. Iludidos, atribuímos a quem amamos qualidades que, na maioria das vezes, são invenções nossas.*

— *O que será que teria acontecido se tivéssemos ficado juntos?* — perguntou Lucas.

— *Não sei. Tantas vezes nos perguntamos isso. Se tivesse estudado mais, ou feito outro curso, se tivesse insistido em determinada relação, casado com outra pessoa, ficado solteiro, não ter se viciado, perdoado, mudado de cidade etc. Acredito que todos nós temos indagações assim. E como uma decisão muda nossa vida! Posso tentar lhe responder baseado em minha vivência. Se você tivesse ficado com Izilda, acredito que sua vida teria sido muito diferente. Você cederia aos caprichos de sua amada. Talvez teria, pela ambição dela, ficado mais rico, ou, como o esposo dela, arruinado-se financeiramente, porque ela sempre gastou muito. Com certeza não teria tido tempo para o orfanato. Izilda, creio, perdeu uma boa oportunidade de ser realmente amada, de ter alguém que cuidaria dela, que educaria os filhos, seria um exemplo.*

— *Penso que se a tivesse conhecido melhor não a teria amado. Não seria possível gostar de alguém que chutou um animalzinho por nada, nunca gostei de cigarros e sempre quis tudo limpo.*

Lucas chorou sentido, Juliano tentou consolá-lo:

— Para amarmos uma pessoa, necessitamos primeiro nos amar, ter amor-próprio sem egoísmo. Ao amar, que este amor se irradie a todos, amar a outros como a nós mesmos, mas não mais que a nós. Nunca devemos pensar que não podemos viver sem o ser amado. Não amamos quando este amor se transforma em desilusão, em ódio ou em sofrimento. Ainda bem que você continuou a viver. Pense bem, será que você não fez deste amor uma couraça para não gostar de outra mulher? Acho que quis mesmo ficar sozinho.

— Acha mesmo?

— Estou supondo e quero que pense nisto.

— Por que amamos uma ilusão? — perguntou Lucas.

— Porque na maioria das vezes idealizamos alguém que não existe e tentamos forçar, querer que o ser que gostamos se modifique, para ser como queremos. Cada ser é único, alguém pode até tentar mudar, às vezes consegue, mas nunca será o que idealizamos. Daí as frustrações, decepções e brigas. Você conheceu superficialmente Izilda, mas em sua mente criou-a como queria, uma pessoa ideal. Comparando-a com outras pessoas, ela sempre ganhava, porque era um ser que somente existia para você. O amor não é isto, é querer o melhor para o ser amado, mesmo que esteja melhor longe de nós. É dar sem exigir e tentar fazer desta relação algo prazeroso, harmônico, um porto seguro. Num namoro, quase sempre, ambos pensam que o tempo modificará o outro e que depois de casados melhorará etc. A ilusão se desfaz, a realidade assusta e se é infeliz. Também não se tolera. O defeito do outro sempre parece maior do que o nosso.

Lucas tirou o cravo e determinou:

— Não vou usá-lo mais!

— *Pegue esta caixa, guarde a flor como lembrança de Fernando, de uma amizade, um agrado de um amigo. Deixe a caixa na mesa do quarto que ocupa no posto. Se quiser tirar o terno, arrumo outra vestimenta para você.*

— *Aceito e agradeço. Vou guardar o cravo pelo Fernando e também para me lembrar que cada ser é o que consegue ser. Izildinha, para mim, de agora em diante, será uma irmã. Não quero culpá-la nem me sentir culpado.*

— *Isso mesmo* — apoiou o médico. — *Agora que resolveu este assunto, convido-o para ir à colônia, situada no espaço espiritual desta cidade, para que estude, tenha conhecimento da espiritualidade, aprenda a ser útil e seja um operário do Senhor.*

— *Não é almejar muito?* — perguntou Lucas.

— *Servo útil é aquele que faz mais do que sua obrigação. Você fez um bom treino quando encarnado e com certeza fará muito mais aqui no Plano Espiritual.*

— *Não sei como agradecê-lo.*

— *Você já me agradeceu e eu já respondi: de nada. Foram palavras de coração e emoção que selaram nossa amizade. Você hoje se emocionou muito, vou levá-lo ao posto onde deverá se alimentar e ir descansar. Voltarei para levá-lo para o orfanato e depois à colônia!*

— *A vida se renova!* — exclamou Lucas, suspirando. — *Vou gostar e me esforçar para aprender rápido e recompensar tudo o que recebi.*

Juliano levou-o para o posto, Lucas foi ao refeitório, tomou sucos e caldos, depois foi para o quarto. Orou muito, pensou em Izildinha e chorou, seu choro foi de alívio por saber dela e por não a ter querido mal. O iludido foi ele e não fora ela quem o iludira. Pensou nela pela primeira vez nesses anos todos como uma pessoa comum. Olhou a caixa com o cravo.

"Não sei se preciso de um cravo para me lembrar de Fernando. Mas vou levar esta caixa comigo. De agora em diante, não serei mais o senhor Lucas do cravo na lapela!"

E dormiu tranquilamente.

CAPÍTULO 15
CONVERSANDO

Lucas acordou muito disposto, viu uma roupa diferente na poltrona, uma calça azul e camisa branca. Trocou-se rápido, queria livrar-se do terno. Ele parecia ser outra pessoa. Alegre, saiu do quarto cumprimentando a todos com um sorriso, sentia-se bem. Foi ao refeitório e sentou-se num lugar vago entre três pessoas.

— *Pelo visto, a desencarnação lhe fez bem!* — comentou uma senhora.

— *Não sei se foi a desencarnação* — respondeu Lucas —, *acho que quando resolvemos problemas, encontramos soluções,* sentimo-nos bem. Como Deus é bom nos dando a continuação da vida!

— *Você veio para cá com tudo o que precisava?* — perguntou um senhor.

— *Como? Não entendi sua pergunta* — respondeu ele.

— A *desencarnação para mim foi como uma viagem na qual, ao passar pela alfândega, ficou tudo o que queria trazer. Foram confiscadas minhas finanças, roupas, joias, objetos antigos que colecionava. Somente não fiquei nu porque alguém me vestiu com uma das vestes daqui da espiritualidade. Chorei muito e fiz um balanço. Deixei muitas coisas lá e foi aqui que entendi que nada era meu realmente. Que decepção! Somente algumas coisas vieram comigo nesta mudança: orações que pessoas fizeram para mim, desejando-me que ficasse bem, e muitos "Deus lhe pague e obrigado". Uma senhora muito simples, que eu ajudara, me esperava quando fui desligado da matéria morta. Ela me abraçou, me deu boas-vindas e explicou o que aconteceu comigo. Naquele momento, achei ser uma grande tragédia. Ela me trouxe para cá, neste posto onde trabalha. Fiquei confuso, depois entendi e chorei muito, mas sempre fui corajoso, realista e decidi aceitar o fato. Acabou minha vida encarnada, a que amava tanto, e começou outra etapa que eu podia amar também. E o que não era meu tinha mesmo de ser confiscado, eram bens emprestados. Somente lamento não ter compreendido antes. Dei valor a tantas coisas que não eram minhas de fato, ainda bem que não fui sovina e fui caridoso sem ostentação, fiz porque gostava de ver as pessoas alegres e não fiz maldades, não prejudiquei ninguém. Achava o máximo fazer isto, agora lamento não ter feito mais. Cultivei coisas mortas, como as minhas grandes coleções. Pensava que aqueles objetos lindos eram meus, cuidava deles e, para ser sincero, sinto não tê-los comigo. Mesmo entendendo, foi e está sendo difícil pensar que eles não me pertencem e que agora foram parar em outras mãos: alguns em museus; outros os familiares venderam. Ao mesmo tempo em que sinto falta deles, entendo que estava errado, nada material deve ser cultivado, aqueles objetos antigos já tiveram tantos donos falsos. Estou esperançoso, Maura me disse que nas bibliotecas das colônias existem muitos documentos, obras sobre aqueles objetos e de muitos outros que somente conheci por gravuras. Estão na ala da história dos povos da Terra. Vou estudar e trabalhar e, nas minhas horas de lazer, irei à biblioteca.*

— *Você irá logo para a colônia?* — perguntou Lucas.

— *Estou fazendo algumas tarefas aqui, são oito horas diárias. Vou pedir para trabalhar doze horas. Maura me disse que precisaria ter algumas horas trabalhadas aqui para ir para a colônia. Quero me esforçar bastante para cumpri-las. O chato é que não sei fazer muita coisa. Tenho me esforçado para não atrapalhar.*

Lucas pensou que ele também deveria ser útil à casa que tão gentilmente lhe abrigara, recolheu as xícaras e as lavou. Outros abrigados se sentaram e ele os serviu.

— *Você é empregado aqui? É novo? É garçom? Quero, por favor, meu leite com creme* — uma senhora falou para ele.

Maura veio em seu auxílio.

— *Dona Marina, por favor, aqui não temos garçom. Este é Lucas, um abrigado, como a senhora, que acha que não precisa ser servido e quer ajudar. Por que a senhora não se serve sozinha? Já lhe expliquei que aqui temos a alimentação que é necessária, não temos creme.*

— *É que nunca fiquei num hotel assim. Você tem certeza mesmo de que isto não é um asilo? Ou um hospital para loucos?*

Asilo é somente para idosos e aqui tem pessoas mais novas. Estou confusa, acho que meus filhos me internaram. — Virou para Lucas e disse baixinho: — *Imagine que já ouvi que morremos! Morrer é dormir até o julgamento final. Vou tomar meu café. No almoço quero macarronada.*

Lucas foi pegar uma cesta com pães e Maura explicou a ele:

— *Para muitos espíritos, o corpo físico exerce um grande fascínio do qual é difícil se desvincular. Algumas pessoas têm conceitos diferentes sobre a morte. Acreditam mesmo naquilo que lhes foi ensinado, não questionam, e, para essas, a desencarnação pode se tornar confusa. Essa senhora já recebeu orientação pela incorporação uma vez, melhorou, porém, ainda precisará de assistência espiritual. Desta vez, o orientador encarnado mostrará a diferença que agora há entre o corpo perispiritual dela e o do médium.*

— *Ilusão! Como a ilusão nos faz mal* — exclamou Lucas com vontade de chorar, lembrando de Izilda.

— *Ora* — Maura sorriu —, *é por não sabermos bem o que seja a realidade que, para muitos de nós, ela é insuportável, iludimo--nos. Isto porque muitas pessoas pensam que ter esperança ou ser otimista é ilusão, que esperar algo de bom é ilusório. Não é bem assim. O otimismo não deve ser exagerado para não atrapalhar nosso viver, ficarmos esperando que tudo aconteça. O otimismo deve nos impulsionar a ir à luta. Mas ser pessimista é um horror! Não se deve fazer algo pensando que não irá dar certo. É aí que entra a realidade, o difícil caminho do meio, nada em exagero. A ilusão pode impedir que se veja essa realidade, entendeu? Dona Marina foi, é, uma pessoa boa, auxiliou muitas pessoas com bons conselhos, cuidou de muitos doentes, era prestativa, benevolente, tanto que foi socorrida por três pessoas que lhe eram gratas, logo* que teve seu corpo físico morto. Ela não se conforma pela morte não ser como acreditava.

— Como é bom e ajuda o trabalho de orientação aos desencarnados! — exclamou Lucas.

— É sim! Dona Marina, pessoa boa, ficaria muito mais tempo iludida, talvez voltasse para seu antigo lar, se confundiria mais e perturbaria os familiares. Se entre eles houvesse alguém mais sensitivo, certamente ela acabaria por obsediá-lo. Ela não merece isso e creio que, na próxima sessão de orientação, dona Marina irá entender sua mudança de plano.

— Maura, ela poderá comer macarronada no almoço? Aqui somente me alimentei de sucos e caldos — Lucas quis, curioso, saber.

— Alimentos leves são o início do aprendizado de que não necessitamos mais deles. Aqui no posto também servimos alimentos mais sólidos. Dona Marina comerá a macarronada no almoço, porém não nos alimentamos de carne.

Lucas pegou a cesta com pães e levou para ela, agora a olhou de outro modo, com carinho.

— Desculpe-me, dona Marina, por não termos creme.

— Desculpe-me você, fui indelicada. Você ganha bem neste trabalho? Quando meus filhos me trouxerem dinheiro, lhe darei uma gorjeta.

— Não precisa!

— Ora, será um agrado — falou dona Marina. — Não se ofenda, por favor. Gosto de ajudar quem trabalha. Os salários são tão baixos!

Lucas foi servir outros abrigados e viu um senhor muito triste, resolveu conversar com ele.

— Quer mais um pão? — perguntou Lucas.

O senhor o olhou e respondeu:

— *Sou um assassino! Não tem medo de mim?*

"*Outro assassino! Será que este foi doente também? Se não foi doente, não é estranho ele estar aqui? Não devo julgar! Sou perfeito por acaso? Sou um iludido!*"

Lucas se sentou numa cadeira ao lado dele e respondeu tranquilamente:

— *Não tenho medo. Você tem medo de mim? Teme a si mesmo?*

O homem se esforçou para não chorar, respirou fundo, tomou um gole de suco e respondeu:

— *Chamo-me Albertino, tive um apelido horroroso de que antes gostava. Estou aqui há dezessete dias, foram os trabalhadores do centro que me trouxeram para o posto. Foi lá —* Albertino mostrou com a mão o centro espírita *— que recebi orientação e o convite para mudar a forma que estava vivendo. Desencarnei e, por afinidade, fui para o umbral. Lugar terrível! Ou você se enturma com algum grupo, obedece ordens e se não fizer direito recebe castigos, ou se torna escravo. Tem ainda outra opção, vagar por lá em sofrimento. Nenhuma das três opções me agradou, mas a melhor que achei, porém a pior para meu espírito, foi me enturmar. Continuei a fazer atos maldosos. Fui errado quando encarnado e continuei o sendo desencarnado, acumulei atos imprudentes e temo a colheita, a reação. Encarnado, numa briga que poderia ter sido somente troca de socos, peguei uma faca e matei um moço. Fugi, ninguém descobriu e não fui preso. Frequentador de bares, estava sempre envolvido em brigas. Ao saber que era traído, matei meu rival, fui preso e, na prisão, enturmei-me com outros detentos, piores que eu. Ajudei a matar mais quatro e acabei assassinado. Ficar no umbral não é fácil, uma vez fui convocado a observar esse centro espírita, fiz meu trabalho direito, depois voltei aqui e pedi socorro. Fui auxiliado e continuam me ajudando. Maura me falou* *que irei logo para outro local, estou aqui provisoriamente. Sinto muito remorso, sou um assassino!*

— *Cada um erra de um modo* — Lucas tentou consolá-lo.

— *Você errou muito, eu também, mas estou aprendendo a trabalhar!* — falou outro senhor, que estava atrás dos dois.

Lucas se assustou, estava tão atento à narrativa de Albertino que não viu que um homem estava perto deles. Depois que falou, sentou-se e apresentou-se a Lucas:

— *Sou Ângelo, estou aqui há nove meses. Recebi orientação numa sessão de desobsessão, mas não vim espontaneamente. Estava atormentando uma moça encarnada, ela veio aqui pedir ajuda. Discuti com o senhor que me orientou. Por que eu estava errado? A moça não costumava orar, deveria ser melhor, praticar o Evangelho no lar etc. Tentei me safar me desculpando. O orientador me disse: "Se eu pisar agora no pé desta minha colega de trabalho, posso me desculpar e ainda afirmar que a culpa é dela, por ter ficado com o pé ali? O senhor não está se justificando. Se a moça reza ou não, se faz o Evangelho no lar não lhe interessa, o que deve lhe importar são suas ações, é o que está fazendo. Cuide somente de sua vida e terá muito trabalho." Ele me convenceu, mas, ao vir para cá, passada a euforia do diálogo, pensei em fugir assim que fosse possível, mas ia a todos os trabalhos dos encarnados, escutei palestras e vi como eram diferentes as auras, as vibrações dos que fazem o bem e as dos que não fazem. Envergonhei-me, então resolvi me esforçar para mudar. Não é fácil, às vezes minto, arrependo-me e desminto, finjo fazer tarefas, mas depois volto e realmente as faço. Pedi para não ser transferido e ficar por aqui, gostei do lugar e por enquanto vou ficando. Quero me melhorar!*

— *Eu pensava que, ao receber orientação por meio da incorporação, tudo estava resolvido* — disse Lucas.

— *Para a maioria* — respondeu Ângelo —, *realmente é um início de uma verdadeira mudança, mas, para malandros como eu, nem sempre. Mesmo querendo mudar, temos lá nossas recaídas. Está vendo aquela senhora? Já recebeu orientação na sessão dos encarnados e desencarnados umas cinco vezes. Ela tem dó dela mesma, sempre se faz de vítima, julga-se injustiçada por ter morrido. Ela não aguenta ficar aqui, volta ao seu ex-lar, lá fica perturbada e perturbando, a família pede ajuda e ela vem para cá. Isto acontecerá até que se conscientize de que, de fato, não é vítima, pois todos morrem, ou seja, desencarnam, e que o lugar dela agora é entre nós. Ela não gosta de Albertino por ele ter sido assassino.*

— *Não quero ser mais!* — afirmou Albertino.

— *Isto que é importante!* — exclamou Ângelo. — *Maura nos diz isto: fez, mas não fará novamente. Ela nos afirma que podemos nos tornar boas pessoas se fizermos o bem. Estou aprendendo e quero aprender.*

— *Eu vou preferir morrer do que matar* — falou Albertino e perguntou: — *E você, Lucas, matou alguém?*

— *Eu não!* — respondeu Lucas depressa. — *Acho que ajudei pessoas a não matarem!*

— *Como assim?* — perguntou Ângelo.

— *Tentei educar jovens para ter um ofício, encaminhando-os para viver no bem. Lembro que um deles, o Marcelo, interno no orfanato, era revoltado, porque ele viu o padrasto matar sua mãe e ficar somente dois anos preso. Marcelo planejava matar o assassino de sua genitora quando fosse adulto. Conversei com ele, aconselhei-o. E pensei que, afastando-o da cidade, evitaria que se tornasse assassino. Dediquei-me a ensiná-lo tudo que sabia de eletricidade, matriculei-o em cursos e pedi para meu ex-chefe arrumar um emprego para ele longe, numa filial. Marcelo* foi, constituiu família e se esqueceu de sua vingança. Outra vez, uma empregada da fábrica onde trabalhei, recém-admitida, contou-me que estava grávida, poderíamos mandá-la embora. Ela queria fazer um aborto (para mim, um assassinato). Assumi a responsabilidade e registrei-a, ela teve o filho. Acredito que no orfanato consegui mudar planos de jovens revoltados, talvez tenha evitado de alguém, entre eles, ter sido um assassino.

— *Você falou uma verdade* — expressou Albertino. — *Temos o livre-arbítrio de matar o corpo físico de alguém ou evitar que isto aconteça. Somos, você e eu, diferentes. Comparando nossos corpos perispirituais, vemos logo o tanto que eles diferem. Está vendo estas manchas em mim? Conseguirei apagá-las com muito trabalho no bem, a vida me dará essa oportunidade. Se recusar, talvez desencarne assassinado em outra existência. Mas você não tem essas manchas, você não matou e tem pontos luminosos de quem salvou vidas. Você já os viu em doutor Juliano? Ele tem tantos pontos luminosos que nem dá para contar.*

— *Não reparei nisto!* — exclamou Lucas.

— *É porque não sabia ou não se interessou* — comentou Albertino. — *Mas eu me interessei e me envergonho das minhas marcas. Mas envergonhar-se somente não basta, tenho e quero fazer o bem para apagá-las e, quem sabe, acender uns pontos luminosos no lugar.*

— *Você conseguirá!* — desejou Lucas.

Os dois se levantaram, despediram-se, disseram que iriam trabalhar. Lucas pediu para acompanhá-los, Albertino permitiu, mas aconselhou-o a não conversar enquanto estivessem no subsolo. Os três se dirigiram para o centro espírita, entraram por uma porta, desceram por um corredor clareado por lâmpadas. Os dois carregavam bandejas com alimentos, desceram as escadas, defrontaram-se com várias celas onde estavam desencarnados.

— *Ainda bem que nos tratam bem!* — exclamou um dos que estavam presos. — *Alimentos limpos e bem preparados, camas macias. Há tempos que não descanso numa cama!*

— *Não entre na deles, Chicão* — pediu um outro. — *Esses são os verdadeiros hipócritas, os falsos santinhos. Prendem-nos, fazem-nos escutar leituras evangélicas, músicas suaves, nos alimentam, não nos castigam, oferecem ajuda, mas nos obrigam a trabalhar e exigem que deixemos o que gostamos.*

— *Por que não trazem bebidas alcoólicas, cigarros, cocaína e nos deixam juntos para uma farra?* — perguntou um outro, debochando.

— *Pensam que nos convencem somente com isto?* — gritou o que falou primeiro.

Os dois foram entregando as bandejas, Lucas somente observou. Seguindo as recomendações, permaneceu calado, mas ficou confuso diante deles.

"Somos *aquilo que queremos e gostos se diferem*", pensou.

Um deles, que recebeu a bandeja, jogou-a em cima dos três e falou alto:

— *Não me alimento há muito tempo! Fique com esta comida! Nem carne tem. Se ao menos servissem sangue!*

Riu com o espanto de Lucas. Albertino e Ângelo continuaram a fazer seu trabalho e ainda limparam o chão. Saíram e, ao fechar a porta, Albertino disse:

— *Vamos nos limpar!*

Rapidamente limparam-se e ajudaram Lucas. Subiram ao salão e encontraram Maura com duas senhoras. Os três as cumprimentaram. Albertino e Ângelo saíram, foram concluir suas tarefas. Maura convidou Lucas:

— *Se você quiser, pode ficar conosco.* — Apresentou as senhoras. — *Esta é Abgail, mãe de um dos que estão nas celas no subsolo. Veio acompanhá-la Marcelina, uma amiga.* Essa genitora *preocupada mora numa colônia e quer rever o filho. Estamos esperando dois trabalhadores para retirá-lo de lá, para que ela possa conversar com ele. Eis que chegam!*

Dois trabalhadores socorristas entraram cumprimentando-os. Lucas reconheceu-os, tinha-os visto durante a reunião a que assistira, protegiam o local. Os dois abriram a porta, foram ao subsolo. Maura convidou Marcelina e Lucas para subirem.

— *Iremos permanecer na parte superior enquanto esperamos.*

Os três subiram, Abgail aguardou o filho.

Lucas estava curioso, acompanhou a oração que Marcelina fez, rogando a Jesus que inspirasse a amiga e que ela pudesse permanecer tranquila no encontro. Depois, Marcelina sentou-se num canto, os dois entenderam que ela queria orar sozinha, sustentar a amiga. Lucas perguntou baixinho a Maura:

— *Estou curioso. Será que posso saber o que está acontecendo?*

— *Sim, podemos conversar baixo para não atrapalhar. O que você quer saber?*

— *Fui ao subsolo com Albertino e Ângelo. Estou surpreso! Como alguém pode viver daquele modo? Eles não sentem receio das reações? Será que aqueles seres não acreditam no retorno?*

— *Você ainda se surpreenderá muito conforme for conhecendo o Plano Espiritual. Existem muitos desencarnados como os que viu no subsolo. Uma parte deles tem conhecimento de que age errado e que as consequências virão, mas deixam para o futuro. São poucos os que se preocupam com este fato. A maioria acha que não está fazendo nada de errado, se ilude. Outros abominam as reações. Porém, a vida não se importa se alguém acredita ou não, todos responderão pelos seus atos. As reações são o princípio das consequências inevitáveis. Porque somos responsáveis pelas nossas ações e devemos aceitar os resultados gerados por elas. Podemos ter os* resultados nas próximas reencarnações, mas, com frequência, na mesma. Quem continua errando desencarnado quase sempre se depara na erraticidade com as consequências. No umbral, grupos guerreiam e os vencidos normalmente se tornam escravos e sofrem muito. Os vencedores logo se defrontam com outros e podem ser derrotados. Acabam se cansando, decepcionando-se, e as alegrias se tornam escassas. Reações possuem valor positivo, curam as feridas causadas pelos erros. E têm caráter pessoal, a responsabilidade dos atos é de quem os pratica. Para atos maus, sofrimento, que é educativo e não punitivo. As lições nos ensinam a não cometer o mesmo erro novamente.

— Por que essa mãe veio aqui para conversar com o filho? Ela não poderia vê-lo em outro local? — indagou Lucas, curioso.

— Essa senhora poderia ir ao umbral, onde o filho está, para revê-lo, porém ela queria conversar com ele longe de amigos, e aqui é o local ideal. Ontem, ele e companheiros foram trazidos pelos dois socorristas, vieram obrigados. Por isso esperávamos os dois chegarem para que acontecesse o encontro. Eles permaneceram na sala para ajudá-la, se necessário. Abgail ama este filho rebelde, que sempre a preocupou e que, encarnado, lhe deu muito desgosto, desencarnou e continuou errando. Ela já se encontrou com ele outras vezes e não conseguiu mudá-lo. Como está planejando reencarnar, ela sabe que, logo que iniciar os preparativos para sua volta à carne, se esquecerá, e uma nova etapa se iniciará. Quer encaminhar este filho e está fazendo uma última tentativa. Isto está sendo possível porque este espírito é uma trabalhadora incansável que há muitos anos se dedica ao bem.

A conversa foi interrompida porque Abgail entrou na sala. Marcelina indagou-a:

— E então, como foi? Convenceu-o?

— *Não, minha amiga, meu filho está irredutível. Foi grosseiro como sempre e me acusou de perturbá-lo. Disse que ainda bem que os companheiros que vieram presos juntos não souberam que foi por causa dele, senão teria problemas. Despedi-me afirmando que não o veria mais. Ele friamente respondeu: "ainda bem". Foi triste nossa despedida.*

Abgail agradeceu, despediu-se e, com a amiga, partiu.

Maura gentilmente explicou:

— *O filho dela foi levado novamente ao subsolo. Silvano conversará logo mais com eles e os convidará a mudarem a forma deles de viver. Se algum aceitar, ficará conosco e, logo que possível, irá para outro local, e os que se recusarem serão soltos.*

— *Recusando, perderão uma grande oportunidade!* — exclamou Lucas.

— *Realmente* — concordou Maura. — *Todos nós temos sempre oportunidades, boas ou ruins. Não se espante, existem sim as ruins, embora às vezes, por ignorância, achemos no momento serem boas. Exemplo: recebe-se uma proposta para participar de um assalto pelo qual se receberá uma quantidade de dinheiro, para experimentar drogas, para sair com pessoas de má índole, para lesar alguém, se corromper etc. Aceita-se ou não. Temos sempre oportunidade de estudos, ser religiosos, participar de um trabalho voluntário, de um emprego, fazer o bem etc. Porém elas não se repetem do mesmo modo. O filho de Abgail não terá mais a mãe para ajudá-lo. Eu costumava dizer, quando estava encarnada: perdeu o trem. Pode-se esperar outro, mas será em outro horário, os companheiros de viagem não serão os mesmos. O convite que ele recusou agora o separou de sua mãe por tempo indeterminado. Ela o esquecerá momentaneamente, porque nos esquecemos, pela reencarnação, do passado. E quando ele quiser o socorro, creio que se dará quando estiver* sofrendo muito, não terá o carinho da mãe, terá de esperar pelo auxílio e, com certeza, não será igual ao que Abgail lhe daria.

— Devemos estar sempre atentos às boas oportunidades e recusar as más — concluiu Lucas.

— Desculpe-me, Lucas — pediu Maura —, tenho muito que fazer. Vá ao refeitório, lá encontrará pessoas para conversar.

Ele agradeceu e voltou ao refeitório. Viu Lindinho e Gervásio numa mesa e rumou para lá, sentando-se ao lado deles.

— Agora sim! Você está lindinho! — exclamou Lindinho.

— Que bom vê-lo vestido assim, aquela roupa de pinguim não estava bem. Vou ver um jogo de futebol — comentou Gervásio.

— Nunca vi um jogo lá embaixo — lamentou Lindinho.

— Não é "embaixo" — corrigiu Gervásio. — Não podemos falar errado. Não é certo dizer que os sem-carne estão "em cima" ou "embaixo". Maura nos disse que é "Plano Físico" e "Espiritual". Conte a ele o que descobriu, Lindinho.

— É que não poderia me secar como roupa, dependurado, então morri por causa da calça. Vamos falar de futebol! No hospital escutava falar dos times, havia até discussões. Maura prometeu que ligará a televisão para assistirmos a um jogo.

— Mas não sabemos para quem torcer — lamentou Gervásio. — Você torce para algum time?

— Não! — respondeu Lucas. — Mas podemos torcer para quem ganhar.

— Vou torcer para o time que ganhar três vezes seguidas — afirmou Gervásio.

Lindinho começou a explicar como era uma partida de futebol. Complicou tanto que eles riram. Lucas concluiu:

"Alegrias estão nos acontecimentos simples do dia a dia. Os dois erraram, sofreram, e estão contentes pela ajuda recebida. Eu também devo ficar alegre."

E gargalharam.

CAPÍTULO 16
DESPEDIDA

No outro dia, Maura acordou Lucas cedo, com o recado de Juliano:

— *Seu amigo virá buscá-lo às dez horas. Passará o dia no orfanato e depois irá para a colônia. Deve ficar pronto e se despedir de todos.*

— *Pronto? Não tenho nada para levar! O que tenho que arrumar?* — perguntou Lucas.

— *Não é ótimo partir e não ter que levar nada?* — Maura sorriu. — *Você tem o que é! O pronto que Juliano com certeza quis dizer é que se prepare, conscientize-se de que partirá.*

Lucas tratou logo de se organizar, deixou o quarto arrumado, pegou sua caixa com o cravo e foi ao refeitório, tomou o desjejum.

"Gostei daqui, vou sentir saudades", pensou suspirando.

Despediu-se de todos, agradeceu os votos de êxito, o auxílio e carinho recebidos, e, às dez horas, Juliano veio buscá-lo. Foram para o orfanato. Lá, o ambiente estava diferente, e o médico explicou:

— *Hoje é dia de visitas! Amigos, parentes desencarnados das crianças vêm periodicamente visitá-las. Nossa instituição, nesta ocasião, fica mais alegre.*

— *Notava quando encarnado* — lembrou Lucas — *que às vezes acontecia algo diferente aqui. As crianças ficavam mais calmas, não sabia por que, agora entendo.*

— *Essas visitas são confortadoras* — esclareceu Juliano. — *Acompanham os visitantes dois instrutores, Gabriel e Nilda, que os instruem antes da visita sobre a necessidade de rever afetos com tranquilidade.*

O orfanato estava movimentado, as crianças brincavam e por todos os lados havia desencarnados. Lucas ficou por segundos olhando-os, estava vendo e podendo comparar as pessoas dos dois planos, com seus corpos parecidos e, ao mesmo tempo, tão diferentes.

— *Os visitantes* — informou o médico — *vieram cedo e ficarão até as dezoito horas. Você irá para a colônia com eles. Aproveite para conversar, com certeza passará horas inesquecíveis. Se precisar de mim, estarei pelo orfanato. Em dias de visita, sempre tenho muito o que fazer.*

Lucas ficou no pátio, observando. Viu uma mulher ainda jovem atrás de um pilar olhando para Helena, uma garotinha de nove anos. A mulher estava emocionada, enxugou algumas lágrimas, ele se aproximou gentilmente e perguntou:

— *Posso ajudá-la?*

— *Obrigada. Estou aqui me tranquilizando para me aproximar de minha filha. Helena está crescendo, é muito bonita, não acha?*

— *De fato* — concordou Lucas —, *Helena está muito bonita. Você é Sônia?*

— *Chamo-me Sônia. O senhor é Lucas, conheço-o da oficina. Seja bem-vindo ao Plano Espiritual. Agradeço-o pelo carinho dado aos órfãos.*

— *Helena falava de você, por isso sei que se chama Sônia.*

— *Deve ter falado que tem um pai que raramente a visita, porque casou-se e tem mais dois filhos.*

— *Não deve sentir rancor* — aconselhou Lucas. — *Talvez seja melhor para Helena ficar aqui.*

— *O melhor lugar sempre é o lar. Sinto culpa por ela estar aqui. Eu... desculpe-me.*

— *Por favor, conte-me, talvez se sinta melhor* — pediu Lucas.

— *Morávamos juntos, o pai de Helena e eu. Ela era pequena, quatro anos, quando fiquei grávida novamente. Nesta época não estávamos bem, brigava muito com meu companheiro, ele me traía. Desesperei-me, não queria mais um filho naquelas dificuldades. Fiz um aborto, tive complicações e desencarnei. Sofri muito e ainda sofro.*

— *Entendo* — comentou Lucas, olhando-a.

Mas este "entendo" que respondeu foi forçado, a vontade era de dizer: "Que *absurdo! Não temeu as consequências? Antes mais um do que menos um e, no seu caso, menos dois, você e o neném".* Mas se falasse isso poderia escutar: *"Por que usava o terno até durante o dia e com flores? Não é ridículo amar alguém como amou? Iludido! Crítico!".* Se não recebesse esta resposta de Sônia, não lhe faria diferença, porque ele pensou, sentia isto.

— Entendeu mesmo? — perguntou Sônia.

Lucas suspirou e falou:

— Sônia, todos nós erramos. Se sofreu, que este padecimento a ensine a não cometer novamente o mesmo erro. Se quiser, sentamos aqui, conte-me tudo, e então, quem sabe, fique tranquila para se aproximar de Helena.

— Aceito e agradeço. Hoje me aborreci porque fiquei sabendo que o pai de minha filha há oito meses não vem visitá-la. O doutor Juliano me prometeu que irá até ele e tentará fazer que se lembre dela. Não devo sentir mágoas dele e não quero sentir mais de mim. Tudo seria diferente se não tivesse cometido esta imprudência. Fiz a escolha errada: o aborto. Poderia não ter morrido por este ato, porém sabia que, em um aborto, sempre há riscos, ainda mais fazendo em lugares clandestinos. Não quero culpar mais ninguém. Quando desencarnei coloquei a culpa nele, no meu companheiro, na pessoa que fez o aborto. Foi depois de muito sofrer, de escutar amigos espirituais, que compreendi que a responsabilidade era somente minha. A pessoa que fazia o aborto não obrigava ninguém a fazê-lo. Até perguntava: "É isto mesmo o que quer? Tem certeza?". O pai de Helena era irresponsável, eu sabia disto quando fomos morar juntos. Ele somente ficou sabendo de minha segunda gravidez quando desencarnei. Teria sido muito diferente se tivesse tido este filho, estaria com Helena. Ela foi a mais prejudicada. Não tinha o direito de deixá-la sem mãe.

— Nossos atos refletem nos outros! — exclamou Lucas.

— Nossas ações erradas sempre prejudicam os outros! — afirmou Sônia. — Prejudiquei o espírito que ia reencarnar, privei-o de ser meu filho, de voltar ao Plano Físico para sua evolução. E prejudiquei Helena, o ser que mais amo na vida. Este espírito que foi abortado por mim me perdoou, conversou *comigo e reencarnou, escolheu outra mãe e está bem. Helena me ama, sente minha falta, ela não sabe como desencarnei, o pai lhe disse que foi de um enfarte. Minha filha está bem, este orfanato é bom, mas não é um lar, e a solidão que sente, a falta que lhe faço, dói muito em mim. Principalmente porque sei que estaria encarnada se não fosse pelo meu ato imprudente. Quero melhorar, sou muito grata ao auxílio que recebi e recebo, tenho me esforçado para aprender a ser útil. Mas cada vez que Helena chora, fica triste, o remorso me corrói. Poderia ter tido esse filho e estar agora com eles. Talvez não ficássemos juntos, o pai dela e eu, mas, como sempre trabalhei, teria condições de sustentá-los. Eles me teriam por perto, seríamos uma família, e minha filha teria um lar.*

— *Tudo passa, Sônia, logo Helena estará crescida* — Lucas tentou consolá-la.

— *Isto também me preocupa, talvez mais ainda* — queixou-se Sônia. — *Aqui ela está protegida e tenho pensado muito em como será sua vida quando sair daqui. Aonde irá morar? Como fará para sobreviver? Se eu estivesse perto, iria aconselhá-la, moraria comigo, poderia evitar os perigos.*

— *Não devemos nos preocupar assim com o futuro, pois nem sabemos se o teremos. Bastam as preocupações diárias. Os jovens daqui estão sendo preparados para viver fora do orfanato. Embora suas preocupações sejam as normais de uma mãe, eu a aconselho a viver bem o presente.*

— *De fato, pais se preocupam muito com os filhos. Penso que as minhas preocupações são piores pelo remorso que sinto. Recebo auxílio de um grupo com o qual fazemos terapia, é uma reunião de mulheres que, consciente ou inconscientemente, como no meu caso, provocaram a morte de seu corpo físico, e todas nós sofremos mais pelos problemas e dores que nossos atos provocaram. Converso com outros pais, mães que desencarnaram deixando filhos pequenos, mas eles, que lutaram para estar encarnados, não procuraram a desencarnação, cuja mudança de planos foi no momento devido, têm outros sentimentos, é mais fácil para eles aceitarem o fato. Obrigada, senhor Lucas, por me escutar, sinto-me mais calma e vou seguir seu conselho, o presente já me basta. Vou aproveitar que tive permissão para vê-la e ficar ao seu lado, quero transmitir a ela alegria e confiança.*

Sônia sorriu e foi para perto de Helena. A menina também sorriu, brincava com um brinquedo de montar.

"Helena deve estar se sentindo neste momento amada e protegida. De algum modo, sente a presença da mãe, por isso sorriu", pensou ele.

Um casal aproximou-se.

— *Senhor Lucas!* — exclamou a senhora. — *Soubemos que desencarnou e oramos pelo senhor. Chamo-me Alice e este é meu marido Ronaldo. Conhecemos o senhor da oficina. Como está?*

— *Estou bem, obrigado, não precisa me chamar de "senhor". Quem vieram visitar?*

— *Larissa é nossa neta* — respondeu Alice.

Lucas lembrou-se de Larissa, uma garotinha que viera para o orfanato com dois anos e oito meses. Fazia seis anos que era interna. A mãe estava presa, ela escrevia muito para a filha, as cartas eram lidas para ela pelos funcionários. Ele também as lia, assim como escrevia o que ela ditava em resposta. Larissa queria tanto escrever e ler as cartas da mãe que aprendeu a ler precocemente.

— *Nós* — falou Alice — *viemos hoje pela manhã para passar o dia todo fazendo visitas. Paramos aqui, vimos Larissa. Já fomos visitar nossos filhos, temos dois encarnados, voltamos agora para cá e, à uma hora da tarde, iremos à penitenciária feminina onde está nossa nora, a mãe de Larissa, para revê-la. Fizemos o pedido de visita à penitenciária e foi permitido. Não é qualquer desencarnado que entra numa penitenciária. Espíritos evoluídos, socorristas treinados, vão quando necessitam. O local é frequentado por pessoas heterogêneas. Habitualmente, os detentos são acompanhados por desencarnados perturbados e vingativos. Trabalhadores do bem que lá trabalham é que dão essas permissões e, quando vamos, nos acompanham na visita. Um deles fica o tempo todo conosco. Pedimos para ir a esta hora porque é o momento em que nossa nora costuma dormir. Vamos tentar afastar o espírito do corpo adormecido e falar com ela, incentivá-la, pedir que ore e, quando acordar, se ela conseguir recordar, achará que sonhou conosco. Se não lembrar, receberá o incentivo.*

— É que nossa nora deverá sair logo da prisão. Meu filho caçula, instruído por nós, arrumará um emprego para ela. E aí poderá buscar Larissa no orfanato — explicou Ronaldo.

— Larissa — falou Lucas — uma vez me contou que a mãe estava presa, mas que era inocente e que bandidos mataram seu pai. O que aconteceu? Desculpem-me a curiosidade. Não precisam responder se não quiserem.

— Nós o conhecemos há tempos — respondeu Alice —, sabemos de seu valioso trabalho junto às crianças que aqui estão. É um prazer contar tudo. O pai de Larissa, nosso filho, sempre nos deu preocupações, namorava uma moça e, quando ela ficou grávida, veio morar conosco. Larissa nasceu e nos encantou. Meus outros dois filhos, ajuizados e trabalhadores, não se conformavam com o fato de o irmão viver à nossa custa e saíram de casa. Depois de um ano e três meses que Larissa nasceu, minha

nora teve outro filho. O garoto estava com um ano e quatro meses quando a tragédia aconteceu. Naquela noite, fui à farmácia, por isso nada sofri. Traficantes entraram em nossa casa, atiraram em todos. Larissa levou dois tiros, um na perna e outro de raspão no peito. O neném foi atingido na cabeça e morreu. Mataram Ronaldo, meu filho, e minha nora ficou ferida. Foi um caos. Larissa se recuperou. Minha nora, do hospital, foi para a prisão. Condenada como traficante e ladra, cumpre pena. Fiquei com Larissa, mas eu não estava bem, o choque foi grande, estava muito doente. Sentindo que ia desencarnar, estava preocupadíssima com minha neta. Meus outros filhos eram jovens, solteiros, e um deles morava, como ainda mora, em outra cidade, eles não tinham como ficar com ela. Então, a deixei aqui. De fato, desencarnei dois meses depois.

— E o pai de Larissa, veio com vocês? — perguntou Lucas.

— Infelizmente não — respondeu Ronaldo. — Meu filho se enturmou no umbral. Revoltado, quer se vingar de seus assassinos. Ele se diz satisfeito e não quer nossa aproximação. Estamos atentos: quando ele quiser ajuda, iremos tentar auxiliá-lo.

— Vocês perdoaram esses assassinos? — indagou Lucas.

— Sim, perdoamos — afirmou Alice —, e desejamos que eles não errem mais. Meu filho era traficante, eles moravam conosco e não sabíamos de nada. Os dois, filho e nora, traficavam e estavam roubando o grupo. Planejavam um golpe e iriam fugir para longe, eles e os filhos, e não se preocuparam conosco. O grupo soube e deu o castigo. Os dois, nora e filho, assaltaram um posto de gasolina, testemunhas a reconheceram, por isso está na prisão.

— Ela ama a filha e mudou muito — contou Ronaldo. — Estamos confiantes de que mudará de vida ao lado de Larissa.

Os dois foram para perto da neta. Lucas ficou observando aqueles encontros e concluiu: *"Deus é infinitamente bondoso, não separa aqueles que se amam verdadeiramente. Como é prazeroso rever afetos!"*

Não eram todos os internos que recebiam visitas, mas os desencarnados tentavam envolver todas as crianças e jovens com fluidos benéficos.

"Pronto! Foi um sucesso! Clara está vindo para cá!"

Lucas se assustou porque uma senhora que volitava parou perto dele. Ela sorriu com seu susto e explicou:

— *Conheço-o, você é o Lucas do cravo na lapela. Sou Nilda, desencarnei há tempos, vim acompanhar as visitas e aproveito para incentivar algumas pessoas a visitar o orfanato ou trazer donativos. Tive êxito, fui lembrar a mãe do Marquinho de que ela precisa ver o filho. Esta mãe adia as visitas dando a desculpa de que tem muito que fazer, mas Marquinho espera-a com ansiedade.*

— *Não entendo como pais podem abandonar filhos!* — exclamou Lucas.

— *Já me admirei como você. Tive onze filhos, criei-os, eduquei-os, penso que fui uma boa mãe. A melhor lição que tive neste trabalho foi ajudar sem julgar. Sou muito alegre e tento fazer com que os outros fiquem também. Vou agora tentar entusiasmar um pouco Haroldo. Quer ir comigo?*

— *Quero, obrigado. Sempre achei Haroldo um menino triste, muito quieto, o que acontece com ele?* — quis saber.

— *Haroldo é um menino muito tímido* — respondeu Nilda. — *Tem dificuldades em conversar com desconhecidos, tem poucos amigos. O pai dele matou a mãe por ciúmes e foi para a prisão. Haroldo veio para o orfanato com os três irmãos menores. Os irmãos foram adotados e somente ele ficou. As pessoas preferem* adotar crianças pequenas. Ele se lembra de tudo, sente saudades da mãe e dos irmãos.

— O pai dele ainda está encarnado? A mãe não vem visitá-lo?

— A mãe sofreu muito com o acontecido, não queria aceitar sua mudança de plano, revoltou-se e se perturbou. Foi socorrida recentemente, está em tratamento e não tem condições de visitar os filhos. O pai foi morto na prisão e está no umbral. Haroldo sonha com a possibilidade de encontrar os irmãos quando for adulto e sair daqui.

Nilda abraçou e beijou Haroldo, o garoto não sentiu o ato, mas o afeto sim, porque minutos depois ele estava sorrindo e foi brincar.

"A *alegria é contagiante*", pensou Lucas, "*mas infelizmente a tristeza também é. O melhor é estar sempre contente!*"

Ficou pelo pátio, conversou, escutou, foi muito proveitoso ver aqueles encontros, saber das histórias emocionantes de vida. Pensou, comovido:

"*Deixar os que amamos não é fácil, o desapego de objetos, de bens materiais, até se consegue, mas deixar aqueles que amamos é mais complicado, e as dificuldades aumentam quando os seres queridos são dependentes. A dor nestes casos é a grande mestra.*"

Aquelas horas passaram rapidamente. Juliano veio ao seu encontro.

— *Você irá partir logo mais com o grupo de visitantes. Se quiser, despeça-se de todos.*

Lucas se aproximou dos encarnados, era amigo de todos que trabalhavam na casa, desejou-lhes paz. Olhou Fernando com muito carinho, desejando que o amigo fosse sempre feliz. Foi à oficina e olhou o local onde por tantos anos trabalhara e aí se lembrou:

"Juliano não irá comigo!"

Procurou pelo amigo e o encontrou no pátio.

— *Quero agradecê-lo! Mil obrigados!*

— *De nada mil vezes!* — respondeu o médico sorrindo. — *Olhe, está chegando o aeróbus que os levará à colônia. Nilda o acompanhará até a escola e lá encontrará quem o informe de tudo. Irei visitá-lo e, se precisar de mim, saberei, seu pensamento chegará até mim. Desejo que você goste e aproveite bem o curso.*

Lucas admirou-se com o veículo, ler ou escutar sobre ele não é a mesma coisa que ver. Nilda chamou todos para entrar, aproximou-se de duas pessoas e as trouxe pelas mãos. Eram duas mães, e a despedida não estava sendo fácil. Lucas abraçou Juliano e entrou, acomodou-se numa poltrona, logo o veículo partiu. Ele, curioso, olhou pela janela, viu o pátio, os prédios e mais nada, o aeróbus se movimentava com velocidade. Nilda fez uma linda oração de agradecimento e cantou. A canção alegre contagiou a todos. Chegaram. Nilda deu algumas ordens, recomendações e pediu para Lucas acompanhá-la. Os companheiros se despediram.

"Despedidas", pensou Lucas, *"são sempre o término de algo, de um encontro, uma visita, um passeio"*.

E, para ele naquele momento, representavam uma fase da vida que terminara para se iniciar outra.

CAPÍTULO 17

NA COLÔNIA

Nilda foi conversando, mostrando prédios, explicando o que funcionava neles. Eram muitas informações para ele, não conseguia acompanhar. Ela, percebendo, o motivou:

— *Você terá tempo para ver tudo detalhadamente.*

— *Não é noite?* — perguntou Lucas. — *Era noite quando deixamos o orfanato. Aqui está muito claro.*

— *Nesta colônia, cidade do Plano Espiritual, segue-se o horário da cidade em que residia encarnado. Sabemos que pelo fuso horário as horas são diferentes nas diversas partes da Terra. Postos de socorro e colônias seguem o horário da cidade do Plano Físico a eles vinculada. A iluminação de nossa cidade de fato é muito* boa, principalmente se compará-la com aquela das cidades do Plano Físico. Aqui está a escola!

Nilda convidou Lucas a entrar, apresentou-o a várias pessoas, e uma delas, Rodrigo, o levou para o alojamento.

— *Aqui é seu quarto, escritório, cantinho, como quiser chamá-lo* — explicou Rodrigo. — *Espero que fique confortável. Amanhã cedo virei buscá-lo, mostrarei a escola e vou apresentá-lo aos colegas de curso.*

Lucas agradeceu. Ficando sozinho, observou o quarto: uma cama, escrivaninha, duas poltronas, tudo simples, mas bonito. Colocou a caixa com o cravo, era toda sua bagagem, numa gaveta da escrivaninha; abriu um pequeno armário e nele viu uma roupa, o uniforme da escola. Era muita novidade para ele, sentiu-se cansado, com sono, deitou-se e adormeceu.

Acordou disposto e ficou em dúvida se vestia o uniforme. Logo Rodrigo veio buscá-lo.

— *Como devo me vestir?* — indagou ele.

— *Aqui nos vestimos como gostamos e queremos. A roupa que está no roupeiro é uma opção confortável. Vista-se como quiser. Eu não me preocupo com este detalhe, há quinze anos estou com esta roupa. Logo que cheguei ao Plano Espiritual estava condicionado a trocar de roupa e o fazia todos os dias. Depois, acostumado a viver aqui, não me importei mais em trocar. Esta roupa no armário não é um uniforme como pensou, é somente uma opção que é dada a todos os aprendizes. A maioria aceita.*

— *Vou ficar com esta, foi Maura quem me deu. Estou curioso para saber o que irei fazer.*

— *O curso que fará terá excursões em que conhecerá nossa colônia e muitos lugares do Plano Espiritual. Em nossa cidade não encontrará periferia. Todos os prédios têm o mesmo padrão, tudo é útil, nada luxuoso, porém limpo e organizado.*

— *Cidade perfeita!* — exclamou.

— *Difere por gostos* — respondeu Rodrigo sorrindo. — *Mas todos que merecem ser abrigados aqui pensam como você. Porém, alguns, mesmo achando isso, um local muito bom, preferem estar encarnados, na heterogeneidade das cidades do Plano Físico.*

Rodrigo mostrou o prédio da escola para ele.

— *Muitos alunos moram em outros locais, e outros, como você, ficam em nossos alojamentos enquanto estudam.*

Lucas achou o prédio muito grande, com diversas repartições e inúmeras salas de aula, pátios arborizados, uma biblioteca enorme e salas de projeções.

— *Quantas novidades!* — exclamou admiradíssimo. — *Nunca imaginei ver tudo isto!*

— *Agora se prepare. Três pessoas queridas vieram lhe dar as boas-vindas.*

Ele sentiu o coração disparar. Rodrigo abriu uma porta e, numa pequena sala, estavam seus pais e Inês. Abraços, lágrimas de emoção e alegria. Inês lhe deu um buquê de rosas. Conversaram animados, trocando informações.

— *Inês* — disse Lucas —, *soube de Izilda e...*

— *Eu sei, Juliano me contou. Ia visitá-lo sempre quando você estava encarnado. Soube de sua desencarnação, mas, como Juliano ficou com você, tranquilizamo-nos e o aguardamos para vê-lo aqui.*

Esse encontro estava, para ele, sendo muito prazeroso, e poderia descrevê-lo com uma expressão somente: Estava no Céu!

— *Somos gratos a você, filho!* — disse o pai emocionado.

— *Não sei por quê, fiz somente a obrigação de filho.*

— *Quando o fez sentiu que era obrigação?* — perguntou o pai.

— *Não* — respondeu Lucas —, *sinceramente não, é somente força de expressão. Se é para agradecer, eu que devo fazê-lo, deram-me a oportunidade de reencarnar, cuidaram de mim, deram amor, carinho, educaram-me.*

— *Amamos!* — exclamou sua mãe.

— *Lucas, sou grata por tudo que me fez!* — agradeceu Inês comovida.

Foi um encontro de muitas alegrias. Saíram. Os três mostraram a colônia para ele, e o dia transcorreu tranquilo.

— *É sem dúvida o dia mais feliz de minha vida!* — afirmou.

No outro dia, Rodrigo o levou para a sala de aula, apresentou-o aos colegas e professores.

Os dias se passaram rapidamente, com muitas novidades, estudos, e sempre um dos três o buscava para levá-lo a conhecer uma parte da cidade. Ele achou tudo muito organizado, elaborado, mas se encantara com a iluminação, não havia postes, fios, os aparelhos não precisavam de tomadas.[1]

Estudava muito, ouvia histórias de vida fantásticas de colegas. Percebeu que entre o grupo de sessenta estudantes os gostos

---

1 N.A.E.: Realmente, ao nos depararmos com um local diferente, prestamos mais atenção ao que nos interessa. Eu nunca prestei muita atenção no detalhe da iluminação usada nas colônias. Isto afirma que um mesmo lugar pode ser descrito de muitas maneiras, todas elas tendo a mesma base, mas com detalhes diferenciados. Lucas tentou me explicar como era e o que o Plano Espiritual faz para iluminar de forma que a noite pareça dia. Não conhecendo nada sobre o assunto, confesso que não entendi o suficiente nem para descrever e também está sendo difícil para a médium captar. Porém, tudo de que se usufrui na espiritualidade alguns espíritos, ao reencarnar, tentam copiar, fazer no Plano Físico. Mas esta energia limpa, que não polui, não agride a natureza, deve levar alguns anos para ser usada pelos encarnados.

se diversificavam. Cleusa não perdia uma oportunidade de ir às bibliotecas; nas horas vagas, estava lendo. Um dia exclamou:

— *Queria ter mais tempo para ler! Li este livro quando estava encarnada e achá-lo aqui foi uma alegria.* — Vendo Lucas admirado, explicou: — *Os bons livros que os encarnados têm para ler os temos aqui também.*

Wagner gostava de pinturas. Nas excursões que faziam, lá estava ele admirando quadros, gravuras e objetos de arte. Dárcio se interessava pelas plantas, e, assim, grupos afins se formavam. Muitos dos seus colegas estavam na espiritualidade há anos e resolveram fazer o curso para terem conhecimentos, embora uma grande parte dos habitantes do Plano Espiritual não costumem fazê-lo, aprendem na prática, pelo trabalho. Alípio fora médico quando encarnado e continuou servindo assim, com seus conhecimentos da medicina, num posto de socorro. Trabalhou por dezoito anos e ali estava, na classe com Lucas, encantado com o que aprendia.

Conheceram o Plano Espiritual, várias colônias, postos de socorro, locais de orações, parte do umbral etc. Recebiam aulas teóricas e práticas, aprendiam a fazer tarefas e ser úteis com o conhecimento.

Oito meses haviam se passado. Recebeu à noite um recado de Juliano. O amigo viria buscá-lo na manhã seguinte. O reencontro foi prazeroso. Lucas, para não incomodar o amigo, porque sabia que era muito ocupado, não o chamara, mas estava saudoso.

— *Vim à colônia resolver umas questões* — explicou Juliano. — *Hoje, Nilda acompanhará pessoas que visitarão seus entes queridos encarnados na Terra. Iremos com eles, você irá comigo ao orfanato.*

Ele não queria perder a aula, mas o convite era irrecusável. Desta vez, prestou atenção nos detalhes da viagem. O aeróbus era o veículo ideal: confortável, limpo, porque seus usuários não o sujavam nem o danificavam. Foi uma emoção ver a colônia do alto, olhar o firmamento e depois a cidade do Plano Físico. O veículo parou no pátio do orfanato, todos desceram. Lucas ficou ao lado de Juliano.

— *Tem alguma festa no orfanato? Vejo muitos encarnados* — quis saber.

— *Com os bens que você doou para a instituição, fizemos as reformas e hoje estamos inaugurando-as. Venha ver!*

— *Não posso primeiro abraçar Fernando? Ele está alegre!*

Com o consentimento do médico, ele aproximou-se do amigo. Fernando de fato estava contente, o moço gostava do orfanato. Lucas, admirado, escutou seus pensamentos, pois aprendeu a teoria e foi capaz de fazê-lo, principalmente porque o moço pensava nele.

"O senhor Lucas iria ficar muito feliz se pudesse ver as reformas. Queria tanto contar as novidades boas para ele. Que estou namorando Rafaela, que no mês que vem vou começar a trabalhar e que o emprego é bom. Que saudades!"

— *Venha, Lucas!* — Juliano o chamou e explicou: — *Reformamos o telhado da parte velha, agora nada de goteiras. Compraram camas, colchões, cobertas, livros e materiais didáticos, foi feito o consultório dentário, adquiriram novos chuveiros e brinquedos. Vamos à sua oficina, vai começar a cerimônia.*

Lucas, contente, viu que haviam sido comprados muitos materiais, máquinas para usar nos consertos de eletrodomésticos. Alguns desencarnados ali estavam, mas eram muitos os encarnados que se aglomeravam na sala. Isaura, emocionada, fez uma oração de agradecimento ao Criador e finalizou:

— Nosso muito obrigado ao benfeitor que nos deu condições de fazermos estas reformas e, a partir deste momento, esta oficina de trabalho e ensino se chamará: Centro de Trabalho Profissionalizante Lucas... Chamo, para descobrir o retrato, um amigo dele, Fernando...

Fernando não esperava, aproximou-se com lágrimas pelo rosto e puxou o laço. O tecido caiu e, na parede, havia um quadro de Lucas de terno com o cravo na lapela. Palmas.

Lucas chorou e foi abraçado carinhosamente por Juliano.

Houve festa no orfanato, foram servidos o almoço, bolos, doces, e a meninada gostou muito, divertiram-se. O dia foi emocionante.

Foi somente à noite, no seu quarto, que ele orou agradecendo.

O tempo passou, o curso ia terminar, houve uma cerimônia simples de despedida. Lucas estava contente, vieram para cumprimentá-lo seus pais, Inês e Juliano, que, após a cerimônia, ficaram conversando.

— *Juliano, quero lhe contar uma novidade...*

Lucas pensou que o amigo talvez soubesse, mas é muito prazeroso contar as boas coisas que nos acontecem aos amigos.

Todos que fazem estes cursos de reconhecimento do Plano Espiritual e o básico sobre as inúmeras maneiras de ser útil podem fazer escolhas quanto ao que fazer depois, e são muitas as opções: continuar a estudar, trabalhar em diversas áreas... Normalmente, os pedidos são atendidos.

— *Terei prazer em escutá-lo!* — afirmou o médico.

— *Juliano, meu amigo, fui aceito para fazer parte da equipe que trabalha no planejamento de eletricidade.*

— *Viva! Estou muito contente por você, merece dois abraços. Pelo curso concluído e pelo grande aprendizado que terá.*

Entusiasmado, Lucas deu detalhes:

— *Quando cheguei aqui, fiquei maravilhado e curioso com a iluminação da cidade. Como poderia ser iluminada sem postes, fios, que tipo de energia era usada etc. No decorrer do curso, sempre que possível, indagava em todos os postos de socorro, em todas as colônias que visitamos, aos trabalhadores destas tarefas. Os conhecimentos desta área que desfrutamos aqui ainda não foram cogitados no Plano Físico, mas com certeza serão um dia. O que é feito no Plano Espiritual, alguns reencarnados, tendo vagas lembranças do que viram e aprenderam, tentam copiar. Fazendo parte desta equipe que trabalha iluminando nossas cidades, além de ser útil, irei aprender. Isto é gratificante, verdadeira graça, é maravilhoso, é...*

Os quatro convidados dele prestavam atenção, alegres pela alegria dele.

— *Feliz de você, Lucas, que aproveita uma boa oportunidade! Que Deus seja por nós sempre louvado!* — exclamou Juliano.

— *Assim seja!* — responderam todos, felizes.

Amigos são aqueles que se alegram com a alegria do outro.

Ao terminar a leitura deste livro, talvez você tenha ficado com algumas dúvidas e perguntas a fazer, o que é um bom sinal. Sinal de que está em busca de explicações para a vida. Todas as respostas de que você precisa estão nas Obras Básicas de Allan Kardec.

Se você gostou deste livro, o que acha de fazer que outras pessoas venham a conhecê-lo também? Poderia comentá-lo com aquelas do seu relacionamento, dar de presente a alguém que talvez esteja precisando ou até mesmo emprestar àquele que não tem condições de comprá-lo. O importante é a divulgação da boa leitura, principalmente a da literatura espírita. Entre nessa corrente!

Levamos o livro espírita cada vez mais longe!

Av. Porto Ferreira, 1031 | Parque Iracema
CEP 15809-020 | Catanduva-SP

www.petit.com.br
www.boanova.net

petit@petit.com.br
boanova@boanova.net

17 3531.4444

17 99777.7413

Siga-nos em nossas redes sociais.

@boanovaed   boanovaeditora

CURTA, COMENTE, COMPARTILHE E SALVE.
utilize #boanovaeditora

Acesse nossa loja   Fale pelo whatsapp